走向上的路　追求正义与智慧

当我们谈论民法时,我们在谈论人的存在

作者简介

田峰,男,汉族,1979年生,吉林长春人,法学博士,现任教于浙江师范大学法学院。

田峰 著

严肃点
— 我们在讲民法

宇宙的尽头是民总

中国民主法制出版社
全国百佳图书出版单位

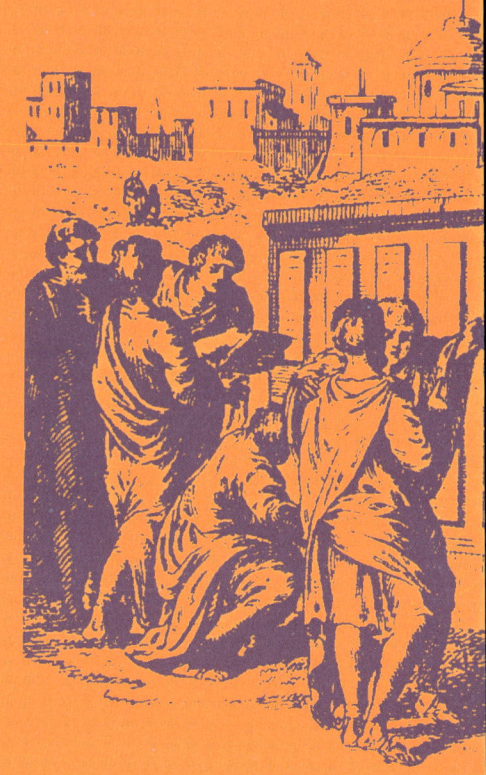

前　言

当我们学习民法的时候，我们在学习什么？这问题像个磨人的"小妖精"，让人拿得起、放不下。民法显然是一种规范，这种规范让我们获得了必要的行为指引；民法当然是一种技能，这种技能帮助我们去实现合法目标；民法无疑是一种知识，这种知识让我们能够更好地理解人类社会。民法也是关于人与人之间社会关系的学问，更是关于人本身的学问。学习民法不仅是学习关于民法的规范、技能和知识；更是在适用规范、运用技能和掌握知识的过程中，认识和理解人与人之间的关系，进而理解我们身处的世界，理解我们自己。

如果说民法是我们认识和理解这个世界的门，那么民法总则就是打开这扇门的钥匙。作为民法调整对象的民事法律关系和作为民事法律关系变动原因的民事法律事实是民法总则的关键概念。围绕民事法律关系，民法搭建了一个宏大、抽象的概念体系；而围绕民事法律事实，民法构造了一套精致、复杂的规范体系。通过学习作为民事法律关系构成要素的民事主体、民事客体以及民事权利和义务，我们能够对静态的民事法律关系产生较为完整的认识。在此基础上，通过学习作为民事法律事实主要类型的事件和行为所产生的法律效力，我们能够对动态的民事法律关系产生较为系统的理解。这为我们掌握民法总则的内容打下了扎实的基础。

民事法律关系是对现实社会关系的抽象，只保留了社会关系中有法律意义的概念硬核。在这个抽象概念形成的过程中，现实社会关系中的那些活色生香的内容被过滤掉了，只留下那些决定社会关系法律属性的关键性要素。抽象的民事法律关系虽然不能反映社会关系的全貌，但是有利于民法的制度设计和适用。当这些"干巴巴"的规范被用来化解各类民事纠纷的时候，我们需要在现实社会关系当中寻找那些决定其法律属性的关键性要素。于是，民事法律规范的形成和应用就表现为一个从特殊到一般，再从一般到特殊的过程。

民事法律事实是对现实社会活动和客观事实的抽象，只保留了民事法律事实当中能够引起民事法律关系变动的要素。民事法律事实被看作导致民事法律关系发生变动的原因。这个原因要么是超乎人力控制的自然现象，要么是取决于人类自身的主观意志。抽象的民事法律事实显然无从展示社会上的形形色色和林林总总，但是有利于生成有效的评价规范。这些规则被用来评价民事法律事实能否以及在多大程度上影响民事法律关系的变动。于是，民事法律规范的理解和适用就表现为从原因到结果，再从结果到原因的过程。

不难看出，民法不是抽象的理论，真能办实事儿。大到实现财富自由，小到柴米油盐酱醋茶，都离不开民法。民法需要面对社会现实，具有很强的实践性。那么，在现实的冲突或者纠纷面前，我们应该怎么做？解决纠纷的思路大致可以分为两种，决疑的和系统的。决疑的思路有啥问题就去解决啥问题，不太考虑问题之外的因素，简单粗暴，但直截了当；系统的思路关注问题的本质属性以及与相关因素之间的联系，相对复杂，但精致细腻。这两种思路在面对类似问题的时候，可能会给出不一样的回应。根源在于，二者各自有对人类社会不同的认识和判断。

于是接下来的问题是，关于民法问题的专门思考有什么意义？这样的思考会不会只是书房中或者课堂上的智力游戏？这样的思考能让我们获得关于这个世界的新的知识吗？这样的思考会给我们身处的世界带来改变吗？这样的思考又会给我们自己带来什么改变呢？对于这些问题以及与之相关追问的思考都与民法相关。

那么，我们开始吧！

目　录

前　言　　　　　　　　　　　　　　　　　　　　　　1

第 一 章　概述：当我们谈论民法时，我们在谈论什么　　1
第 二 章　民法基本原则：抽象的价值只需要最质朴的
　　　　　诠释　　　　　　　　　　　　　　　　　　21
第 三 章　民事权益受法律保护原则：开局就是决战　　25
第 四 章　平等原则：民法宇宙的尽头　　　　　　　　29
第 五 章　意思自治原则：各行其是　　　　　　　　　32
第 六 章　公平原则：置身事外　　　　　　　　　　　35
第 七 章　诚信原则：做人要厚道　　　　　　　　　　38
第 八 章　合法与公序良俗原则：泾渭分明还是暗度陈仓　41
第 九 章　绿色原则：美丽新世界　　　　　　　　　　44
第 十 章　民事法律关系：基础不牢，地动山摇　　　　46
第十一章　自然人：面朝大海，春暖花开　　　　　　　50

第十二章	法人:生死看淡,不服就干	65
第十三章	非法人组织:去努力,剩下的交给时间	86
第十四章	民事权利:哪有什么理所当然,不过都是要件归入	101
第十五章	民事法律事实:于水穷处看云起	135
第十六章	民事法律行为:提到括号前	143
第十七章	代理:背锅的姿势	185
第十八章	民事责任:出来混,要还的	209
第十九章	时效和期间:天青色等烟雨	222
参考文献		231
后　记		249

第一章

概述：当我们谈论民法时，我们在谈论什么

民法这词儿，拉丁文是 jus civile，法语是 droit civil，德语是 bürgerliehes recht，意大利语是 diritto civile，荷兰语是 burgerlyk regt，上面这一堆"鬼画符"直接译成中文都叫作市民法。中文里"民法"这个术语是从日文来的。有人说，当年日本人通过荷兰学习西方，津田真道在 1868 年从荷兰语那里把 burgerlyk regt 译成民法。也有人说，箕田麟祥把法语的 droit civil 译成民法。① 总之，民法之所以叫民法是因为清末继受大陆法系传统的时候，我们沿用了日本人的译法。② 民法这词儿就这样在华夏大地生根发芽了。

法律存在的理由是外部的社会需要。③ 我们的社会生活离不开规范带来的秩序。民法当中蕴含的规范几乎覆盖了我们日常生

---

① 张俊浩主编：《民法学原理》，中国政法大学出版社 1991 年版，第 1 页。
② 徐国栋：《市民社会与市民法——民法的调整对象研究》，载《法学研究》1994 年第 4 期。
③ [美] 托马斯·库恩：《科学革命的结构》（第四版），金吾伦、胡新和译，北京大学出版社 2012 年版，第 16 页。

活的方方面面，婚丧嫁娶、生老病死、财货交易、衣食住行，都与民法相关。民法"接地气"就在于包罗人生百态。从古代民法到近代民法，再到现代民法，民法基本观念与人类社会的发展进程息息相关。民法的转变可以充当整个法学发展的向导。[①] 民法的"高大上"在于承载时代精神。只要我们稍加留意就不难发现，民法对社会的反映和对时代的描摹都没有停留在抽象的宏大叙事，而更多的以具体制度的样貌示人。古代民法对于身份关系的维系，体现了人与家族之间的依附关系；近代民法从身份到契约的演进，体现了人向独立社会存在的转变；现代民法朝向社会利益的转变，体现了人与社会之间复杂的互动。

我们在民法概念和规则编织的制度迷宫里兜转，不但会头晕，而且会头秃。在民法当中，既有流水落花春去也的孟浪，也有水穷处看云起的妙道。既然谈论民法离不开具体制度，倒不如将计就计，试着在民事法律制度中窥探民法精神的一鳞半爪。在这个思考过程中，我们首先要搞清楚的是这样一个问题：当我们谈论民法时，我们在谈论什么？

三句话记住民法的概念

民法老师上课的常用套路一般是这样，先说民法的概念，之后说特征，最后说类型。这一套流程走下来，大伙儿基本上已经处于半蒙圈的状态了。为了保证同学们不出戏，能始终处于这种飘飘欲仙的状态，老师们往往还要再补几刀。比如，公法和私法、民商合一与民商分立、形式意义的民法与实质意义的民法、一般

[①] 姚辉：《民法的精神》，法律出版社1998年版，第2页。

法与特别法……气氛已经烘托到这种程度了，再看着教室里那一张张生无可恋的小脸儿，老师们往往很难抑制内心要来一场随堂小测验的想法。这时候，同学们大致上已经能够清醒地认识到，平时成绩基本上也就那样了，想要这门课的绩点上分是且仅是一个美好的愿望，本学期的主要任务是确保这门课不被挂掉。其实，民法老师这个时候的内心也是崩溃的。师生一场，有谁会想要互相伤害呢？

要了解民法的概念，首先要明确的是民法的调整对象。每个独立的法律部门，都有自己的调整对象，从而与其他法律部门相区别。[1] 确定民法的调整对象是民法科学中首先应该解决的一个基本问题。[2] 因此，《民法通则》第2条规定了民法的调整对象。这样的立法传统在后来的《民法总则》和《民法典》中延续下来。按照《民法典》第2条的规定，可以给民法下这样一个定义：民法，是指调整平等主体的自然人、法人和非法人组织之间的人身关系和财产关系的法律规范的总和。[3] 为了理解这个定义，我们需要把它拆分成互相联系，又互相区别的三个组成部分。与之相应，理解民法的概念要记住三句话。

第一句：民法是法律规范。

我们所生活的社会当中，有很多种类的规范，法律只是其中的一种。国有国法，家有家规，不同的规范会在不同的范围内对

---

[1] 张鸣起主编：《民法总则专题讲义》，法律出版社2019年版，第24页。
[2] 佟柔、赵中孚、郑立主编：《民法概论》，中国人民大学出版社1982年版，第2页。
[3] 王利明：《民法总则研究》（第3版），中国人民大学出版社2018年版，第7页。

人们提出不同的要求。有的规范是适用于全社会的,比如道德规范。有的规范是适用于某种特定的社会关系的,比如我们家的家规。当年结婚的时候定下的规矩是,家里大事我说了算。这么多年过去了,我家里岁月静好、不出大事。媳妇这些年来一直夸我是家庭治理小能手,我很骄傲。不同类型的规范之间的区别不仅在于适用范围的大小,更为关键的问题在于,规范如果被违背了,该怎么办?民法作为法律规范,有国家强制力做后盾。这也是法律规范与其他社会规范之间的重要区别。

第二句:民法是调整民事法律关系的法律规范。

法律制度发挥作用的方式并不是直接调整人的行为,而是调整人与人之间的关系。民法调整的关系有两种,人身关系和财产关系。人身关系具体包括人格关系和身份关系,财产关系具体包括财产的归属关系和财产的流转关系。① 当然,有的人身关系里也涉及财产的内容,比如夫妻关系就属于人身关系,但涉及夫妻共有财产与个人财产的时候,就出现财产关系的内容了;有的财产关系也涉及人身的内容,比如农民享有的土地承包经营权就属于财产关系,但是这个权利不是任何人都能够享有的,只有具备集体经济组织成员这个特定身份才能享有,这就涉及身份的内容了。

第三句:民法是调整平等主体之间民事法律关系的法律规范。

这是民法区别于其他法律制度的重要特征。这个特征有三层

---

① 王利明:《民法总则研究》(第3版),中国人民大学出版社2018年版,第27—37页。

意思。第一，民事法律关系是民事主体之间的关系。换句话说，民法调整的民事法律关系是人与人之间的关系。人与"非人"之间的关系，民法不管。第二，民法中的"人"有三种：自然人、法人和非法人组织。第三，民事法律关系主体之间是平等的。教科书上的说法一般是，民事主体拥有平等的法律地位。那么，法律地位平等或者不平等又有什么区别呢？这区别可大了去了。简单粗暴地说，法律地位平等的法律关系当中，一方让对方干点儿啥事儿，特费劲；法律地位不平等的法律关系当中，一方让对方干点儿啥事儿，贼容易。比方说，作为一个自诩开明的老爸，我和我儿子小田之间的关系是平等的，所以，我让他干点儿啥要说明理由，理由不充分的话，完全可能被拒绝；而作为一个"只管大事儿"的老公，我和我媳妇之间的关系就不一样了。所以，媳妇让我干点儿啥的时候，一般情况下就不太需要说明理由。

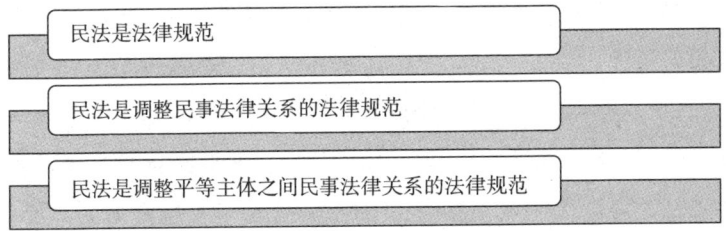

到这儿，我们已经对民法的概念有了初步的认识。但是，这还不够，要理解民法的精神还要追溯民法的起源。这需要我们跨过山和大海，把视线投向更加遥远的亚平宁半岛。

聚是一团火，散是满天星

民法的精神内核与罗马法息息相关。罗马帝国的文化对欧洲影响巨大，无论是作为一种制度的民事法律规范，还是作为一门专业的民事法律理论，以及作为一项技能的民事法律适用，都与罗马法有这样或者那样的联系。罗马帝国的灭亡不但没有切断这种联系，反而让罗马法的影响遍布欧洲，乃至世界。接下来我用了 32 倍速，事情大致是这样。

罗马人先是在公元前 451 年搞出了《十二铜表法》。这是一部包含了民事、刑事和诉讼规则的习惯法汇编，内容分别为：传唤、审判、求偿、家父权、继承及监护、所有权及占有、房屋及土地、私犯、公法、宗教法、前五表之补充、后五表之补充共十二篇。罗马人把这些法律条文铸在十二块铜牌子上，并在罗马广场公之于众。《十二铜表法》这个名字就是打这来的。可惜的是，这些铜表后来毁于战火。这十二块大牌子的江湖地位很高，它不仅是罗马第一部成文法，也是欧洲法学的渊源。《十二铜表法》被公之于众本身具有划时代的意义，这标志着一种不同于宗教规范的"法"规范的出现。[1]

《十二铜表法》之后，罗马人又搞出来了一本大部头的经典。东罗马帝国的皇帝优士丁尼（Iustiniaus）觉得罗马的法律太多，有点乱，需要捋一捋。这一捋不要紧，让法科生寝食难安的罗马法就此横空出世，在接下来的一千多年大放异彩。罗马法包括《学说汇纂》（Digesta）、《法学阶梯》（Institutions）、《优士丁尼法

---

[1] ［美］塔玛尔·赫尔佐格：《欧洲法律简史：两千五百年来的变迁》，高仰光译，中国政法大学出版社 2019 年版，第 24 页。

典》(Codex Iustinianus)和《新律》(Novellae)。[①]带头编纂这部巨著的是特里波尼安(Tribonianus)。特里波尼安工作卖力,老大让他搞一本,他搞出来仨。《优士丁尼法典》包括历代罗马皇帝颁布的敕令;《法学阶梯》在盖尤斯的同名专著基础上改编而成,这是一本教材,针对刚开始学习法律的学生,但也有法律效力;《学说汇纂》是一部法学著作的汇编,同样具有法律效力。优士丁尼去世之后,人们又汇集了535年至565年他在位时所颁布的168条敕令,称为《新律》。上面说的这4部法典放在一起被称为《民法大全》(Corpus iuris civil)。从《十二铜表法》到《民法大全》这中间跨越了将近千年。罗马帝国也从亚平宁半岛上的小国成长为跨越亚非欧的"庞然大物"。那时的地中海成了罗马帝国的内海。我们今天说的罗马法主要是指这部《民法大全》。

从中世纪到文艺复兴,由于波伦亚学派法学家的活动以及非常复杂的历史和社会原因,罗马法逐渐成为所有拉丁民族和日耳曼民族的共同法。从18世纪中叶开始,它虽然让位于一些民法典,但在这些民法典的制定中发挥了重要作用。直到1900年,罗马法在经过教会法、习惯、神圣罗马帝国的法律和新德意志帝国的法律修改之后,仍在一些尚未颁布民法典的日耳曼国家有效;在德国,它叫作"学说汇纂法",并作为"日耳曼普通法"的主要部分。直到适用于日耳曼帝国的民法典于1896年颁布并于1900

---

① [意]彼得罗·彭梵得:《罗马法教科书》,黄风译,中国政法大学出版社2018年版,第1页。

年生效，罗马法才失去最后一块领地。①

就这样，罗马法从古罗马时代的一部成文法逐渐演变成具有不朽价值的伟大法典，作为"商品生产者社会的第一个世界性法律"，②"是纯粹私有制占统治的社会的生活条件和冲突的十分经典性的法律表现，以至于一切后来的法律，都不能对它作任何实质性的修改"。③罗马法的精神内核已经与民事法律制度紧紧结合在一起，就像炸酱面里那两瓣大蒜和烧烤摊上那一把孜然。所以，很多现代民法制度能够在罗马法当中找到自己的原型，罗马法时代的价值追求在现代民法制度当中也有所体现。

潘德克吞不是人，是体系

"潘德克吞"不是人（这句话大家咋理解都行），是一种民法体系。潘德克吞是拉丁语 Digesta 的马甲，这个词儿在拉丁语里是 Pandecate，从希腊语 pandéktēs 来的，意思是"无所不包"。所以，潘德克吞和《学说汇纂》大致上是一个意思。我们常说的潘德克吞法学，主要是指《学说汇纂》使用的体系以及在这个体系的基础上衍生出来的学说。聊到潘德克吞，那就不得不提民法上的体系。这是个让人很头疼的问题，但又实在绕不过去。我试过在课堂上用直截了当的方式向同学介绍民法中内部体系和外部体系的

---

① [意]彼得罗·彭梵得：《罗马法教科书》，黄风译，中国政法大学出版社 2018 年版，第 3 页。
② 《马克思恩格斯全集》第 21 卷，第 346 页。
③ 《马克思恩格斯全集》第 21 卷，第 454 页。

观念，以及可能在二者之间起到某种连接作用的动态体系论。①这个尝试把我自己折腾得够呛，但从同学们的眼神里我读出了四个字："效果感人。"

体系到底是个啥？这是个能把我问到抑郁的问题。这里强烈建议各位同学，满足自己的好奇心和求知欲固然重要，但在提问题的时候要讲武德！差不多就行了。你们能不能不要抱着魏德士的《法理学》在民法课的课间让我解释功能主义语境下潘德克吞体系在中国民法中有啥意义。这是我这样一个刷绿漆的老辣椒能解释清楚的事儿？

体系在民事法律规范当中并没有直接的体现，其轮廓和细密构造是在法教义学的不懈劳作中方才逐渐显现与明晰起来的。②换句话说，这世上本没有体系，捋的人多了，便捋出了体系。单身的师兄们对这种没事找抽事的行为乐此不疲的原因在于，把体系搞清楚，对于理解民法知识、适用民法规范以及引起学妹注意有着极为重要的意义。

体系的具体形态一般表现为法典的编排体例，简单来说，就是目录。两种典型的体系模板都来自罗马法，分别是法学阶梯体系和潘德克吞体系。

法学阶梯体系来自盖尤斯创立的人、物、讼的三分制，其基

---

① 谢鸿飞等：《债法总则：历史、体系与功能》，社会科学文献出版社 2021 年版，第 194—208 页；解亘、班天可：《被误解和被高估的动态体系论》，载《法学研究》2017 年第 2 期；王磊：《动态体系论：迈向规范形态的"中间道路"》，载《法制与社会发展》2021 年第 4 期。

② 白斌：《论法教义学：源流、特征及其功能》，载《环球法律评论》2010 年第 3 期。

础在于实体法与程序法不分。① 法学阶梯体系具体表现为，每一主题之下各题的安排，都遵循由一般到具体、由总到分的逻辑顺序。例如，人被分为自由人和奴隶，自由人又分为生来自由人和解放自由人；物被分为有体物和无体物，无体物又分为遗产继承权、用益权、使用权、债权；债被分为契约之债、准契约之债、侵权行为之债和准侵权行为之债。② 《法学阶梯》具有逻辑层次分明的特点，初步具备体系化因素。③ 任何社会一旦把《民法大全》的基本组成部分当作本地的法律，或者承认它在找法过程中的直接重要性，就会不可避免地把优士丁尼的《法学阶梯》捧到一个特殊的荣耀地位。之所以这样，倒不是因为《法学阶梯》里的法律比《民法大全》其他部分所包含的法律对于实践者来说更顺手或对学者来说更称心；真正的理由纯粹在教育方面。……随着罗马法的复苏，《法学阶梯》重新扮演着它昔日作为学生初级法律教科书的角色，为众人所期待。④ 耶林把法学分为"较低层次的法学"和"较高层次的法学"。前者的任务是从个别的法律出发，解释法律条文的含义，消除法律的模糊性和字面上的矛盾；后者的任务是把法律看成一个概念、规则和制度的逻辑有机体，从而在

---

① 徐国栋：《民法哲学》（增订版），中国法制出版社2015年版，第49—50页。
② 薛军：《优士丁尼法典编纂中"法典"的概念》，载徐国栋主编：《罗马法与现代民法》（第2卷），中国法制出版社2001年版，第46页。
③ 朱晓喆：《近代欧陆民法思想史——十六至十九世纪》，清华大学出版社2010年版，第28页。
④ [美]艾伦·沃森：《民法法系的演变及形成》，李静冰、姚新华译，中国政法大学出版社1997年版，第89—90页。

体系中把握法律。① 科英区分了决疑论与系统论两种法律思维，前者经常运用在具体案件裁判以及法律注释活动中，后者就是以《法学阶梯》这类教学体系为代表。② 按照耶林的观点，《学说汇纂》和《法学阶梯》之间的差异在于，《学说汇纂》是"百科全书式汇编"，只是"个案性"地解决个别问题，③《法学阶梯》则是将众多法律规则和法律原则纳入一个逻辑框架，形成一个有序的体系。④

潘德克吞体系来自《学说汇纂》，其中蕴含的潜台词是，民法调整人格和人格权关系、物权关系、债权关系、亲属关系和继承关系。⑤ 萨维尼将这个体系进一步提炼为，法律调整人本身和法律关系，后者包括物权关系、债的关系、继承关系和家庭关系。⑥ 普赫塔将这种体系描述为，法学的任务是通过体系性的联系把握法律原则……我们可以一直往上追溯这些具体原则的谱系，一直到其最顶端；同时也可以从最顶端一直追溯到最底部。通过对典型社会事实不同层次的提炼和往下延伸，最终可以形成概念金字

---

① ［德］赫尔穆特·科英：《鲁道夫·耶林的法律体系概念》，吴从周译，载《法学丛刊》2000（180），第84—85页。
② ［德］H. 科殷：《法哲学》，林荣远译，华夏出版社2003年版，第228—230页。
③ ［葡］叶士朋：《欧洲法学史导论》，吕平义、苏健译，中国政法大学出版社1998年版，第136页。
④ 朱晓喆：《近代欧陆民法思想史——十六至十九世纪》，清华大学出版社2010年版，第30页。
⑤ 徐国栋：《民法哲学》（增订版），中国法制出版社2015年版，第51页。
⑥ ［德］萨维尼：《法律冲突与法律规则的地域和时间范围》，李双元等译，法律出版社1999年版，第6页。

塔。① 1789 年，古斯塔夫·胡果（Gustav Hugo）在他的《现代罗马法教科书》中首次提出五编制的潘德克吞体系，即物权法、债权法、亲属法、继承法和诉讼法。② 1807 年，海瑟（Georg Arnold Heise）在他的《普通民法的体系概要》中重拾曾被胡果放弃的体系，并将其修订为，第一编总则，第二编物权法，第三编债务法，第四编物的、人的权利法，第五编继承法，第六编原状回复。③ 海瑟因创立了这样的体系，被近代学者视为潘德克吞体系真正的开山鼻祖。④ 萨维尼对这一体系也极为推崇，在他的强大影响下，19 世纪 30 年代德国大体上接受了海瑟的潘德克吞体系。⑤ 萨维尼的民法体系是，物权法、债务法、亲属法、继承法。⑥ 温德沙伊德的《潘德克吞法教科书》被称为"19 世纪的标准注释书"，是关于潘德克吞体系的最杰出的代表。他在书中指出，私法的调整对象有二：财产关系和家庭关系。私法因此可以被分为财产法和家族法。温德沙伊德的民法体系表现为，法这个东西本身；权利这个东西本身；物权法；债务法；家庭法；继承法。⑦ 1896 年的德国民法典正是综合萨维尼和温德沙伊德的体系而成。⑧ 德国民

---

① 谢鸿飞：《民法典的外部体系效应及其扩张》，载《环球法律评论》2018 年第 2 期。
② 原田慶吉，石井良助『日本民法典の史的素描』（創文社，1954 年）3 頁。
③ 赤松秀岳『十九世紀のドイツ私法学の実像』（成文堂，1995 年）269 頁。
④ 原田慶吉，石井良助『日本民法典の史的素描』（創文社，1954 年）3 頁。
⑤ 陈华彬：《潘德克吞体系的形成与发展》，载《上海师范大学学报》2007 年第 4 期。
⑥ 赤松秀岳『十九世紀のドイツ私法学の実像』（成文堂，1995 年）270－273 頁。
⑦ 赤松秀岳『十九世紀のドイツ私法学の実像』（成文堂，1995 年）277－280 頁。
⑧ 陈华彬：《潘德克吞体系的形成与发展》，载《上海师范大学学报》2007 年第 4 期。

第一章 概述：当我们谈论民法时，我们在谈论什么

法典的五编制潘德克吞体系表现为：总则、债法、物权法、亲属法、继承法。

体系的抽象形态一般表现为学说的内在观念，简单来说，就是各种民法书上那些字都认识，但读之后也不知道啥意思的那部分内容。体系化思维最主要的传统来自民法学。[1] 体系可以分为外部体系和内部体系，二者是描述性概念，无法实质切割，而是"你中有我，我中有你"的互生状态。其中，外部体系是依据形式逻辑规则，通过抽象概念或类型整合法律素材形成的外部架构；内部体系则是决定法律规范内容的基础价值、法律理念和法律原则。[2]

外部体系的建筑材料是抽象概念。[3] 这是拉伦茨借助黑格尔的抽象化理论提出的观念。外部体系是依形式逻辑的规则建构的抽象、一般概念式的体系。这种体系的形成有赖于：由——作为规整客体的——构成事实中分离出若干构成要素，并将此等要素一般化，而借着增、减若干——规定类别的——要素，可以形成不同抽象程度的概念，并因此构成体系。借着将抽象程度较低的概念涵涉于"较高等"之下，最后可以将大量的法律素材归结到少数"最高"概念上。此种体系不仅可以保障最大可能的概观性，同时亦可保障法安定性，因为设使这种体系是"完整的"，则于体

---

[1] 张翔：《基本权利的体系思维》，载《清华法学》2012年第4期。
[2] 谢鸿飞：《民法典的外部体系效应及其扩张》，载《环球法律评论》2018年第2期。
[3] ［德］拉伦茨：《法学方法论》（第6版），黄家镇译，商务印书馆2020年版，第551页。

系范畴内,法律问题仅借逻辑的思考操作即可解决。① 外部体系中的法律规则实质上体现为,运用逻辑连接事实和价值的产物,② 外部体系因此是由概念组成的"演绎的体系"。

外部体系其实不难理解。这是一个由概念搭建的体系,上位概念包含了下位概念。如此往复,一路向上,形成一个金字塔形的概念结构。最顶层的概念涵涉其下各层次的概念。比如,有个帅气的师兄,喜欢和漂亮的师妹交朋友。这没啥,爱美之心谁都有。问题是这位师兄同时和几位师妹交往,上午约了A师妹泡图书馆,下午约了B师妹喝咖啡,晚上又和C师妹一起看电影,这就不对了。用情专一应当是师兄们共同弘扬的优秀品质,做不到这一点的,我们一般称之为"海王"。而另外一位师兄则完全不搞这套。他在学校里交到了女朋友,两人出双入对、你侬我侬、甜甜蜜蜜,写了文章轮流当一作,这也挺好。但是,这位师兄每周末都要回老家。嘴上说是陪父母,其实是和高中时的暧昧对象双宿双飞、卿卿我我、浓情蜜意,这就不对了。出色的时间管理能力应该用在查文献、写文章、听报告上,如果把这个能力同时用在两位或两位以上的师妹身上,我们把这种人称作"时间管理小能手"。"海王"也好,"时间管理小能手"也罢,对这种人,有一个共同的称号"渣男"。于是,"渣男"这个上位概念就涵涉了"海王""时间管理小能手""中央空调"……就像"渣女"这个上

---

① [德]拉伦茨:《法学方法论》(第6版),黄家镇译,商务印书馆2020年版,第548—553页。
② 谢鸿飞:《民法典的外部体系效应及其扩张》,载《环球法律评论》2018年第2期。

第一章　概述：当我们谈论民法时，我们在谈论什么

位概念涵涉了"绿茶""白莲花""心机婊"……"渣男"和"渣女"又被"人渣"这个概念统摄其下。这就是我们所说的外部体系。

内部体系的基石是法律原则。① 这是拉伦茨在二战之后经过反思提出的体系观念。内部体系是法律原则在具体化的过程中所展示出来的主导思想，既体现原则间内在的阶层秩序，又展示原则间的协作关系。内部体系中心的基准点在于"开放的原则"以及原则中显现的评价基础。被置于顶端的原则包括法治国家原则、社会国家原则、尊重人格尊严及保护人格的原则、私法自治和自己责任原则。这些原则还不能发挥调整具体民事法律关系的作用，它们之下还存在若干下位原则。例如，法治国家原则就包含了依法行政、禁止侵害个人的法律地位、保障人身自由和罪刑法定等下位原则。这些原则需要在平等和信赖两项原则的作用下，才能开始实施"构成要件"与"法律效力"的分化，进而形成裁判规则，并最终能够作用于具体社会关系之上。② 内部体系不同于外部体系的关键在于，经由法律原则形成的内部体系存在位阶，③ 内部体系因此是关于原则的"位阶的体系"。

内部体系的概念也不难理解。这其实是一个由不同位阶的原则构成的体系，只不过不同层次的原则之间不仅存在相互涵涉；

---

① ［德］拉伦茨：《法学方法论》（第6版），黄家镇译，商务印书馆2020年版，第595页。

② ［德］拉伦茨：《法学方法论》（第6版），黄家镇译，商务印书馆2020年版，第593—603页。

③ 顾祝轩：《制造拉伦茨神话：德国法学方法论史》，法律出版社2011年版，第189页。

更重要的是，原则的位阶越低，离具体社会关系的距离就越近。也就是说，原则的层次越高，就越抽象，离具体社会关系的距离也就越远，也就更难直接调整具体社会关系；原则的层次越低，就越具体，离具体社会关系的距离也就越近，也就更能直接地调整具体社会关系。比如，进入师门之后，你导师会语重心长地和你说："小×啊，毕业论文要好好写哦！"这时候，"认真写作毕业论文"就成了关于毕业论文写作的基本原则。问题是，这论文咋写？心里依旧没底呀。于是，老师就从文章选题、文献梳理、数据采集、结构设计、写作规范等文章写作的步骤一点点讲起。具体来说，选题要有问题意识和创新意识，文献梳理要穷尽相关研究成果，数据采集要真实客观，论文结构要满足形式逻辑要求，文章写作要合乎学术规范……这就是各个论文写作步骤中所须遵循的原则。这些原则是"认真写作毕业论文"这项基本原则的下位原则。一般来说，导师聊到这个程度之后，你的面部表情除了无以言表的崇敬和获得新知的满足感之外，不应该再能传递其他信息了。但是，这时候你的内心可能依旧很慌。比如，啥叫问题意识呀？一般来说，问题意识表现为一个思维过程。在这个过程中，作者在现实中发现存在的问题，从中提炼出一个学术上的话题，然后给出自己的命题并加以论证。[1] 具体来说，法学的问题意识可以从两个层意思上加以理解：一是注重社会日常经验，法学人需要关心普通人的关心与想象；二是注重法律规范体系，法

---

[1] 何海波：《法学论文写作》，北京大学出版社2014年版，第20—29页。

第一章　概述：当我们谈论民法时，我们在谈论什么

学人生产的知识要能有助于规范体系的有效运转。① 于是，"有问题意识"这个原则又可以区分为，"与日常生活相关""与法律适用相关"这两个要求。比如，讨论某上市公司总裁的颜值对公司业绩的影响就没啥太大的意义。但是，如果讨论总裁的同卵双胞胎弟弟冒用总裁身份与其他公司订立借款合同这一行为对公司的效力，就是个问题了。那么，啥叫创新意识呢？创新，就是能够提供新的知识。具体而言，发现新问题、提出新见解、采用新方法，都是创新。② 法学理论创新可以从两层意思上加以理解：一是对传统理论的反思和超越；二是对既有理论的修正和完善。③ 于是，"有创新意识"这个原则又可以区分为，"基于理论反思而超越传统理论""基于理论修正而完善既有理论"这两个要求。这种由不同位阶的原则构成的，有内在逻辑关系，与具体社会关系表现出不同疏离程度的原则体系，就是我们说的内部体系。

体系化的本质在于对把单个的法律概念与法律规则连成一个巨大整体的内在联结或关系的明晓与展示之中。④ 这种操作的意义在于解释法律原则与法律规范之间那些隐蔽的关系，这就相当于寻找并发现游戏里的隐藏地图，能够更快地找到 Boss，为的不过是更快地上分或者捡到更好的装备。法律科学最为重要的任务之一就是发现单个的法规范相互之间和规则体系相互之间，以及

---

① 侯猛、苏力：《关于问题意识的对话》，载微信公众号"中国法律评论"，2017年10月2日。
② 何海波：《法学论文写作》，北京大学出版社2014年版，第31—37页。
③ 吕岩峰：《寻找适当法——国际私法的终极关怀》，中国政法大学名家讲坛第249讲，2020年10月29日。
④ Savigny, *System desheutigen römischenRechts*. Vol.1.1840.Berlin:Veit. xxxvi.

它们与法秩序的主导原则之间的意义脉络,并将该意义脉络以可被概观的方式,即以体系的形式表现出来。①法教义学的清理、提炼与体系化工作形成了整齐有序的、可以从整体上把握的统一的法体系,裨益于法的认识、传授、学习与适用。②马克斯·韦伯将这种近代特有的,基于罗马法发展形成的体系化工作概括为五个方面:一是任何具体的法律裁决均是把某个抽象法条适用于具体事实上;二是对于任何确定的事实,必须皆能够通过法律逻辑的手段从现行的抽象法条当中得出某个裁决;三是现行的客观法必须呈现为一个毫无漏洞的法条体系,或者潜在地包含这样的一个体系,或者至少为了法律适用之目的而被当作是这样的一个体系;四是凡是不能在法学上被理性构建的,也在法律上无关紧要;五是人的共同体行为都必须被解释为法条的适用或实施,或者相反,被解释为对法条的违反。③

体系化的效益主要表现为:最大限度覆盖社会生活;确保法的安定性;消除体系内部的逻辑矛盾;降低找法和法学教育成本。④这是一种理想,希望"建构一种拥有科学的全部确定性和明晰性的关于概念的形式法学"。⑤耶林在他的《罗马法的精神》第 3 卷把这种理想称为"琢磨着把法学上升为一门法律数学的逻

---

① [德]拉伦茨:《法学方法论》(第 6 版),黄家镇译,商务印书馆 2020 年版,第 548—549 页。
② [德]魏德士:《法理学》,丁晓春、吴越译,法律出版社 2005 年版,第 145 页。
③ [德]韦伯:《法律社会学》,康乐、简惠美译,远流出版事业股份有限公司 2003 年版,第 31 页。
④ 谢鸿飞:《民法典的外部体系效应及其扩张》,载《环球法律评论》2018 年第 2 期。
⑤ [美]威廉·B.埃瓦尔德:《比较法哲学》,于庆生、郭宪功译,中国法制出版社 2016 年版,第 222 页。

第一章 概述：当我们谈论民法时，我们在谈论什么

辑崇拜"，舒国滢老师则将这种致力于体系化（科学化和逻辑化）的工作称为"法律公理体系之梦"。① 在这个梦幻般的体系当中，所有法律原则、概念和规范都各归其位、各司其职，只要通过适用形式逻辑的司法三段论就能准确适用所有的具体规范，涵摄现实生活中的各种纠纷。于是，"判决就是将法律概念作为（数学）因数进行计算的结果；自然，数值愈确定，计算所得出的结论则必定愈可靠"。② 在这样一个梦幻般完美的体系面前，几乎不会有哪个法学家能够抵御其中蕴含的魅力。于是，法学家们就开始拼命挖掘与体系这个概念相关的各种文献，煞费苦心地建构、解构、重构。在实现体系化的过程中，外部体系与内部体系的协同就成了问题的中心，拉伦茨将联结外部体系与内部体系的概念称为规范功能。③ 民法的规范功能，围绕作为民事主体的人展开。

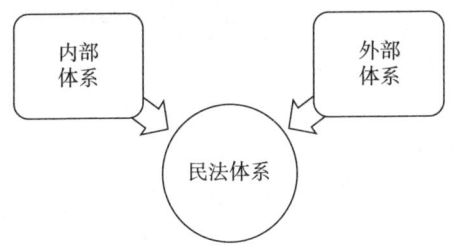

---

① 舒国滢：《法学的知识谱系》，商务印书馆2020年版，第958页。
② Bernhard Windscheid, *Lehrbuch des Pandektenrechts*, Bd. I, 3. Aufl., §24, S.59.
③ ［德］拉伦茨：《法学方法论》（第6版），黄家镇译，商务印书馆2020年版，第604页。

当我们谈论民法时，我们在谈论人的存在

现在，我们知道作为法律规则的民法通过调整民事法律关系，间接调整民事主体的行为。为了完成这个任务，民法用类型化的方法把纷繁复杂的民事法律关系分门别类地加以规定。在类型化的过程中，民法用提取公因式的思路将法律事实（主要是民事法律行为）提到括号前，通过对具体民事法律关系的抽象，构建了庞大的民法规范体系。这一切都是围绕民法上的"人"展开。民法慈母般的眼中，每个人就是整个国家。这样一个精致的民法规范体系关注的是每一个民事主体的存在。人是目的，不是手段。人的存在意味着希望，我们和我们的后代将会在这个世界上越来越好地生活。为了实现梦想中的美好生活，我们需要享有特定利益并在利益受到侵犯的时候能够得到有效救济。与之相应，民法规范体系为特定利益的享有和保护提供了制度上的保证，以维系人有尊严的存在。

当我们谈论民法时，我们在谈论人的存在。

第二章

民法基本原则：
抽象的价值只需要最质朴的诠释

单纯聊"大词儿"，基本没啥前途。公平、正义、自由、平等……谁都能聊到口沫横飞，但聊着聊着就会觉得聊不下去了。因为在抽象的意义上聊这些"大词儿"的时候，人们之间要么压根没有分歧，要么存在不可调和的分歧。所以，抽象的价值只有落到实处才有意义。就民事部门法而言，与其夸夸其谈地聊"大词儿"，不如踏踏实实地分析制度。离开具体制度聊"大词儿"，基本都是在耍流氓。民法基本原则体现民法的基本精神，是最抽象的价值。这些价值需要用最质朴的方式，在各项具体民法制度中加以诠释。

民法基本原则的含义

民法基本原则是民法的主旨和基本准则。看名字就知道，这个概念肯定"浓眉大眼"而且自带"主角"光环。"民法""基本""原则"，都是大词儿。上来就是宏大叙事，而且妥妥地贯穿民法始终，必然是理解与适用民法规则的关键遵循，当然地体现着民法制度的价值追求。简单粗暴地说,民法基本原则适用于民法各个领域,是整个民法制度的基本原则。《民法典》第 3 条至第 9 条规定了民法的 7 项基本原则,民事权益受法律保护原则、平等原则、意思自治原则、公平原则、诚实信用原则、合法与公序良俗原则、绿色原则。我们后面会逐一聊这 7 项基本原则,现在我们暂时将民法基本原则看作一个整体。

民法基本原则有两大特点:一是很基本,二是很原则。

民法基本原则之所以基本,是由于民法基本原则是民法制度的基础和根本。民法基本原则的作用范围涵盖民法规范的全部领域,说白了就是哪儿都少不了它们。比方说,民法上的原则大致可以分为两种,一种是民法基本原则,作用于全部民法领域;另一种是民法特别原则,作用于特定的民法领域。前者就是我们正在聊的民法基本原则。后者是民事部门法的基本原则。例如,平等原则是一项民法基本原则,民事主体在民法领域中的法律地位都是平等的;而公示公信原则和过错责任原则是民法特别原则,公示公信原则适用于物权法领域,过错责任原则适用于侵权责任法领域。

民法基本原则之所以原则,是由于民法基本原则是民法制度的原理和准则。民法基本原则的价值内涵体现民法制度的根本追求。在最一般的意义上讲,民法基本原则所追求的价值体现着全体社会成员共同的价值追求。为了达成价值追求上的共识,民法基本原则需要足够抽象。规则越具体,离现实生活越近,涵盖的范畴就越窄;反之,离现实生活越远,涵盖的范畴就越广。例如,"人"是一个非常抽象的概念,涵盖的范畴极为广泛;"坏人"就

第二章 民法基本原则：抽象的价值只需要最质朴的诠释

不一样了，往往有所指。

民法基本原则的功能

民法基本原则的功能可以分两种情况来看，一是当他们一起上的时候，诸项基本原则合体，共同发挥作用；二是当他们各干各的时候，诸项基本原则分开，各自产生影响。

当民法基本原则一起上的时候，既是各项民法基本原则共同发挥的作用，也是各项民法基本原则均具有的功能。简单地说，就是法官在援引民法基本原则作出裁判的时候，需要注意的问题。第一，不得向基本原则逃避。也就是说，针对纠纷有具体规则可以适用的时候，必须适用具体规则，而不能适用基本原则。一般来说，法官作出判决依据的法条由构成要件和法律效果两个部分组成。大致可以解释为，"如果满足……条件，就会发生……结果"。例如，《民法典》第164条第1款。但是，规定民法基本原则的条文不是这种结构，除了第4条规定的平等原则之外，其他规定基本原则的条文要么是"应当"，要么是"不得"。在规定基本原则的条文当中，既没有提供构成要件，也没有提供法律效果。所以，当有具体条文可以适用的时候，为了让判决结果更准确，也为了限制法官过度行使自由裁量权，不能单纯依据基本原则作出判决。第二，基本原则可以与具体规则结合起来适用。民法基本原则体现民法的立法价值和精神，这在讲道理的时候非常有用。所以，民法基本原则和具体规范结合起来适用，能有效说明具体判决结论的合理性。第三，具体规则不明确的时候，可以援引基本原则解释具体规则。既然民法基本原则体现民法的立法价值和精神，我们就可以通过民法基本原则理解立法者的立场。当具体规则存在两种或者更多的合理理解的时候，我们就可以根据民法基本原则的精神解释具体条文。第四，存在法律漏洞的时候，基本原则可以用于填补法律漏洞。立法者不是神仙，不可能预见到未来所有可能发生的事情，法律规范当中存在漏洞就在所难免。民法基本原则在民法制度发展的过程中，发挥着填补漏洞的功能。比如，我们用基本原则解释法律规范发展出了缔约过失责任、情势变更原则等制度。① 但是，民法基本原则并不是解释法律方法的首选，而是在文义解释、目的解释、体系解释、历史解释等方法均告穷尽的情况下才使用的兜底方法。

当民法基本原则各干各的时候，就是民事权益受法律保护原则、平等原则、意思自治原则、公平原则、诚实信用原则、合法与公序良俗原则、绿色原则这7项基本原则各自发挥作用的时候。我们已经聊过民法基本原则共同的功能，接下来，我们要去看看民法基本原则各自发挥着什么样的作用。

---

① ［德］弗朗茨·维亚克尔：《近代私法史》（下），陈爱娥、黄建辉译，上海三联书店2006年版，第496—510页。

第三章

民事权益受法律保护原则：开局就是决战

民法规范总是与利益息息相关。当利益被特定化，就成了人们渴望的目标；当特定利益被法权化，就成了民法保护的对象；当利益与民法相遇，民法的概念体系就此展开。民事权益必须与具体规则建立直接联系，否则就无法通过诉讼得以实现。因此，民事权益的体系与民法制度的体系其实就是一体之两面。从接触民法知识开始，我们就要面对体系这个庞然大物。

民事权益受法律保护原则的含义

《民法典》第 3 条规定，"民事主体的人身权利、财产权利以及其他合法权益受法律保护，任何组织或者个人不得侵犯"。民事权益受法律保护原则要求，民事主体的人身权利、财产权利以及其他合法权益均受法律保护，任何组织或者个人不得侵犯。上述权益受到侵犯的，民事主体可以自己的名义主张权利或请求人民法院予以保护。[①] 这项基本原则更多地表现为观念上的指引，而不是法律规则，不能作为法官的裁判依据。[②] 虽然看起来仅具有宣示性的作用，但是这项原则的内容和所要发挥的作用并不简单。尤其是，这项基本原则为我们学习和理解民法制度提供了一条关键线索：权益。首先，民法是权利法。民法的中心任务就是保护权利。为了实现这个目标，民法从正面规定了民事主体可以享有哪些权利，也从反面规定了权利一旦受到侵犯如何寻求保护。其次，民法体系是权利体系。民法总则解决关于权利的基本问题。例如，民事权利由谁享有、如何享有、受到哪些限制等共同的问题。民法典各分编则分别规定了各个领域民事权利的具体内容。最后，民法保护合法利益。合法的利益虽然尚未具备成为民事权利所需的条件，但依旧有获得民法保护的必要。而且，随着民法制度的发展，特定利益也有可能转化为民事权利。例如，隐私权就曾经以合法利益的形式存在于《民法通则》当中，直至《侵权责任法》将其规定为民事权利。

民事权益受法律保护原则的内容

民事权益受法律保护原则大致包括两个方面的内容。一方面，要明确谁的合法权益受法律保护；另一方面，要明确哪些合法权益受法律保护。

第一个方面的内容非常简单。民法上能享有民事权益的是民事主体。民事主体有且只有三种，自然人、法人和非法人组织。

[①] 最高人民法院民法典贯彻实施工作领导小组主编：《中华人民共和国民法典总则编理解与适用》（上），人民法院出版社2020年版，第36页。

[②] 陈甦主编：《民法总则评注》（上册），法律出版社2017年版，第21页。

这三种民事主体的权益都受民法保护。

第二个方面的内容稍显复杂。权益是一个简称，具体包括民事权利和合法利益。民事权利又包括人身权、财产权和其他权利。在《民法典》中，人身权利的一般性规定被写在第109条、第110条和第112条；财产权利的一般性规定被写在第113条至第122条；其他权利被写在第123条至第125条；合法利益被写在第111条、第126条和127条。翻翻法条，我们就能大概看出来，前三项内容虽说复杂，但还算明确。唯独这个"合法利益"可能不太清楚。

利益是普遍的概念。一般而言，所有权利都包含某种利益。比如，物权和债权包含财产上的利益；生命权和隐私权包含人格上的利益；夫妻之间和父母子女之间的权利包含身份上的利益；著作权和继承权不但包括财产利益，而且包括人身利益。

利益是开放的概念。随着社会发展利益也不断变化。比如，胎儿利益、死者人格利益都是随着社会发展逐步得到立法认可，并非一开始就是民法保护的利益。网络用户的账号也是新型利益，比如微博、抖音、微信公众号。这些账号不但涉及个人信息，而且会因拥有大量粉丝而产生财产利益。

利益获得保护以合法为前提。不是所有的利益都会得到法律保护。法律对于各类利益的保护实质上体现了法律介入社会生活的程度。立法对于某些利益作出价值评价，当然地能够表明立法所采用的肯定或者否定的态度。同样，立法对于某些利益采用价值中立的态度，并因此而形成的"法外空间"，照应着国家对于社会的容让度与国家的治理智慧。① 简单粗暴地讲，利益就是好处。民法保护的合法利益受到侵犯了，可以拿民法说事儿。

民事权益受法律保护原则的功能

民事权益受法律保护原则的功能大致有三项，体系构建、价值导向和法律解释。

民事权益受法律保护原则构建的体系，就是民事权利体系。民法上的权利不是漂浮在人群中的孤岛，更多的时候表现为权利的集合，共同守护民事主体的诸多利益。民法体系的作用恰恰体现在这些权利之间的和谐有效的协同互动当中。

民事权益受法律保护原则主导的价值，就是保护当事人的合法权益。法律制度总是与人们的现实生活息息相关，所以才有"法意不外人情"这样的说法。正是由于民法的价值导向是保护合法权益，民法规范才能得以有效实施。

民事权益受法律保护原则解释法律的功能，就是理解和适用民法规范的依据。民法制度的实施离不开解释。在若干解释结论之间总要有所取舍，民事权益受法律保护原则提供了决断所需的理由。

---

① 谢鸿飞：《论创设法律关系的意图：法律介入社会生活的限度》，载《环球法律评论》2012年第3期。

第四章

平等原则：民法宇宙的尽头

平等是民法制度逻辑的基础。平等的法律地位意味着民事主体之间不存在隶属关系。既然不受他人意志的支配，民事主体就是自由的；既然能够自由进行各项活动，民事主体就要为自己的行为负责。意思自治和自己责任就自然而然地确立下来了。如果民法宇宙有尽头，平等就是划定民法边界的标尺。

平等原则的含义

《民法典》第 4 条规定，"民事主体在民事活动中的法律地位一律平等"。平等原则是指，民事主体在法律地位上是平等的，其合法权益应当受到法律平等保护。[1] 这项原则也要求任何一方当事人不得将自己的意志强加给对方。[2] 平等是民事法律关系的核心特征，也是民事法律关系与其他部门调整对象之间的重要区别。

平等原则的内容

对平等原则可以分别从实体意义和工具意义两个方面来理解。

---

[1] 王利明、杨立新、王轶、程啸：《民法学》（第 5 版），法律出版社 2017 年版，第 24 页。

[2] 梁慧星：《民法总论》（第 5 版），法律出版社 2017 年版，第 47 页。

实体意义上的平等原则具有这样三个层次的内涵。一是自然人的民事权利能力是平等的。作为基于自然规律出生的人，从出生到死亡都享有同样的民事权利能力。民事权利能力是享有权利和承担义务的资格。享有民事权利能力也就拥有了成为民法意义上的法律主体的资格。但是，民事权利能力提供的仅仅是享有权利和承担义务的资格，我们实际上享有哪些权利、承担哪些义务，还要在具体法律关系当中去分析。这就体现了机会平等与实质平等之间的差异。而之所以强调自然人的民事权利平等，原因在于法人和非法人组织都属于组织体，不是基于自然规律出生的。组织体的性质不同，目标各异，民事权利能力的规则也要复杂那么一点点（不是），我们后面会详细聊。二是民事主体享有的合法权益受法律平等保护。这就好理解了。各种权利和合法利益均受保护，这种保护是平等的、无差别的，不受民事主体性质和类型的影响。同样的权利，不会由于主体不同就受到不同程度的保护；同样的义务，也不会由于主体不同就受到不同程度的强制。这就是为什么民法老师一般不大喜欢"人设"这个概念。大家都是人，不用"设"，也"设"不成，"设"了也没用。这种人为制造的人与人之间的差异实在没什么意义。三是民事主体在具体民事法律关系中的法律地位是平等的。这是民法区别于其他部门法的重要标志。[①] 各种民事主体之间不存在隶属关系，在具体民事法律关系中应当平等协商。这就是为什么民法老师喜欢用合同举例子，

[①] 王利明：《民法总则研究》（第3版），中国人民大学出版社2018年版，第99页；梁慧星：《民法总论》（第5版），法律出版社2017年版，第47页。

第四章 平等原则：民法宇宙的尽头

你情我愿是建立在平等的基础上的。

工具意义上的平等原则可以简化为这样一句话，"等者等之，不等者不等之"。也就是说，相类似者，应做相同处理；非相类似者，应为不同的处理。① 还记得那张三个人看比赛的漫画吧。身高不同的三个人，在护栏外看比赛。他们脚底下踩着同样高度箱子的时候，个子最矮的人依旧什么也看不到；根据身高不同，给他们不同高度箱子的时候，三个人就都能看到比赛了。工具意义上的平等，所要说的就是这个意思。这其中的道理看似简单，但在面对具体法律关系进行操作的时候可能变得很复杂。当我们在工具意义上看待平等原则的时候，与其说是贯彻平等的要求，不如说是将平等作为目标。现实生活中，不平等的现象并不罕见。有人终其一生的努力，可能只是达到了别人的起点。同一个人，身处不同社会关系当中，其地位强弱可能瞬间反转。要消解这种差异，毫无疑问是非常困难的。对于法律规范来说，首要的问题是要确定社会关系中存在的不平等现象，是否需要加以干预。例如，家庭关系中的父母子女关系就不是绝对平等的，但立法者强加干预反而不利于未成年子女的成长。而对于那些有必要加以干预的不平等现象，立法者会设置相应规则，让双方当事人的法律地位趋向平等。例如，在使用格式条款订立的合同关系中，提供格式条款一方显然拥有更为强势的缔约能力，为平衡双方的权利义务关系，立法者对提供格式条款一方当事人设置了更高的义务。

---

① 王泽鉴：《法律思维与民法实例》，中国政法大学出版社2001年版，第253、265页。

第五章
意思自治原则：各行其是

意思自治原则要求尊重民事主体对私人事务的安排。这个观念浸润民法规范的各个领域。按照自己的想法安排自己的生活本就是民事主体生活的常态。不同的人各有各的奔赴，彼此不是同路人，自然不必强求。我们当然会有这样或者那样的追求，各行其是的生活虽然未必能让所有人各得其所，但保障了民法上至关重要的价值——自由。

意思自治原则的含义

《民法典》第5条规定，"民事主体从事民事活动，应当遵循自愿原则，按照自己的意思设立、变更、终止民事法律关系"。意思自治原则，在更宽泛的意义上也被称为私法自治，是指民事主体依法享有在法定范围内广泛的行为自由，并可以根据自己的意志产生、变更、消灭民事法律关系。在民法诸项基本原则当中，意思自治原则是处于核心地位的民法基本原则。[①] 在与其他民法基本原则的关系上，意思自治的基础是平等，拥有平等的地位，

[①] 张鸣起主编：《民法总则专题讲义》，法律出版社2019年版，第42—43页。

意思自治才有可能；在交易领域中的公平原则是对意思自治原则的补充；诚信原则、公序良俗原则以及绿色原则是对意思自治原则的必要限制。

意思自治原则的含义可以从行为自由和效果自主两方面来理解。[①] 行为自由意味着，民事主体不仅可以自己决定如何行为，做自己想做的事情，不受他人干涉；而且不必为自己的行为宣示理由，不需要向他人解释自己行为的动机。效果自主意味着，民事主体的行为本身就是规范，行为的内容为解决纠纷的依据；行为的法律效果取决于当事人的意思表示。

意思自治原则的内容

意思自治原则的内容大致可以归结为三个方面。

第一，要自治。这其中有两层含义。一是我的世界我做主。也就是说，民事主体按照自己的意志处理自己的事务。比方说，我们要出门买菜。买不买？买什么？向谁买？花多少钱？用什么方式？什么时间去？这些都由我们自己说了算。出门之后，想想还是算了，改成叫外卖或者直接去餐馆堂食，这些都是我们自己说了算。二是所有问题都自己扛。也就是说，民事主体需要对自己的行为负责任。这其中的道理就很简单了，既然民事主体的行为要由自己决定，那么这些行为所产生的结果，无论是好的，还是不好的，也要由自己承担。

第二，不要他治。既然自治，当然就不能任人摆布。也就是说，民事主体只需按照自己的意志处理自己的事务。这其中有两

[①] 朱庆育：《民法总论》（第2版），北京大学出版社2016年版，第112—114页。

层含义。一是民事主体按照自己的想法处理自己的事务。例如，在合同关系当中存在两个意思表示，合同双方各自受自己作出的意思表示的约束。合同之所以能够同时约束双方当事人，是由于合同的内容是双方意思一致的内容。说到底，当事人仍然只受自己意思的约束。二是民事主体按照自己真实的想法处理自己的事务。例如，民事主体在受到欺诈、胁迫的情况下作出的意思表示显然是不真实的，民事主体当然可以将其撤销，理由就在于表示出来的意思与行为人真实的想法是不一致的。

第三，不要治他。人生在世，少管闲事。啥叫闲事？与自己无关的事都是闲事。也就是说，民事主体的意志仅能约束自身，不能约束他人。例如，张三和李四签了一份能约束王五的合同，王五压根儿不知道这事儿，这就离谱了。《民法典》确实规定了涉他合同，但也为此设定了相应规则以确保第三人的意志得到充分尊重。

意思自治原则的限度

意思自治当然需要一定的限度，所有人都为所欲为的世界不会令人向往。真正为意思自治提供根基的，是法律地位上的平等。这种平等不能停留在价值追求的应然层面，而是需要通过"等者等之，不等者不等之"的规范在实然层面上转化为现实。如果这种为意思自治提供基础的实然意义上的平等受到冲击，就有必要介入失去平衡的社会关系，对其中的问题加以矫正。作出上述判断的依据，也就是意思自治的限度：不得违背法律和公序良俗。

第六章

公平原则：置身事外

就像重音被玩坏了的那句"to be or not to be"一样，公平的着眼点有太多的可能性了。一千个人心中有一千个哈姆雷特，一千个人心中也会有一千种公平。关于公平思考往往需要置身事外，用旁观者的立场去观察和分析。与之相应，公平就不仅关系到特定法律关系中权利义务的均衡，也关系到社会资源在各类民事主体之间得到合理的分配。

公平原则的含义

《民法典》第6条规定，"民事主体从事民事活动，应当遵循公平原则，合理确定各方的权利和义务"。公平原则，是指民事主体应本着公平、正义的观念实施民事行为，司法机关应根据公平的观念处理民事纠纷，民事立法也应该充分体现公平的理念。[1]简单地说，公平原则要求立法者公平地制定规则，别犯糊涂；司法者公平地执行规则，别拉偏架；民事主体公平地开展活动，别欺负人。

---

[1] 王利明、杨立新、王轶、程啸：《民法学》（第5版），法律出版社2017年版，第28页。

在与其他民法基本原则的关系上，公平原则从不同角度发挥作用。例如，公平原则与平等原则之间的差异在于，公平原则追求实质上的权利义务均衡；平等原则追求形式上的机会均等。公平原则与自愿原则表现为动态互补的关系。例如，在合同关系当中，合同效力的正当性来自"合意度"与"均衡度"，[①] 前者是自愿原则的体现；后者则是公平原则的体现。

公平原则的体现

公平原则当中所要求的公平需要区分不同情境加以分析。

在民事主体从事民事活动的过程中，公平原则体现的是主观公平。从第 6 条的文字看，既然民法要求民事主体"遵循公平原则"确定权利和义务。那么，这样规定的前提是民事主体能够在民事活动中确定权利和义务。于是，准法律行为、事实行为和侵权行为等其他民事法律事实就被排除在外了。因为民事主体只能在法律行为当中安排自己的权利和义务；而在其他法律事实当中，权利和义务并非出于民事主体的安排，而是基于法律规定。这样一来，民事主体通过民事法律行为安排自己的权利和义务是否公平就当然取决于行为人个体的主观判断，属于主观公平了。只要是基于行为人真实想法，自由地确定各方权利义务，就是主观公平。至于为啥要这样，原因也很简单，人（各种民事主体）并不都是理性的。强扭的瓜不甜，强扭的公平也没必要。所以说，自愿的公平就是公平。

至于行为人主观意志之外的评价，则属于客观公平的范畴。

[①] 解亘：《格式条款内容规制的规范体系》，载《法学研究》2013 年第 2 期。

第六章　公平原则：置身事外

只有在例外的情况下，才能作为公平与否的判断标准。当引入客观公平的概念时，我们就需要跳出法律关系之外，根据行为人主观意志之外的立场对法律关系中的权利义务加以评价。相信我，这不是一项简单的任务，也绝对不是一个令人感到愉快的过程。想想看，每当逢年过节七大姑八大姨催单身的你恋爱，催恋爱的你结婚，催结婚的你生娃，催生娃的你再生娃……这种行为人主观意志之外的立场，对行为人来说属实不太友好。但是，我们又不得不承认，这的确是很多人习以为常的生活方式。说不上有多好，但也说不上有多不好。这其中有一个很奇怪的悖论。一方面，我们期待周围的人们接受我们的不一样；另一方面，我们又很难心甘情愿地接受别人的不一样。所以说，更简单且有效的做法就是尊重行为人对私人事务的安排；只在有法律明确规定的情况下，才借助外部标准进行评价。

第七章

诚信原则：做人要厚道

诚实守信是种德性，而且是内外兼修的那种，想要做到殊为不易。法律规范中出现道德准则是对民事主体在德性上提出的更高要求。这意味着恪守诚信的人不但能经得起行为规范的检视，更能坦然面对内心良知的拷问。揣着明白装糊涂是不行的，做人不厚道更是要不得。

诚信原则的含义

《民法典》第7条规定，"民事主体从事民事活动，应当遵循诚信原则，秉持诚实，恪守承诺"。诚信包括主观诚信和客观诚信。主观诚信就是善意。善意是当事人对其行为符合法律或具有合道德内容的个人确信。这是种心理状态，而不是行为规则，往往表现为当事人在主观上对特定事项不知道或者不应该知道的状态。客观诚信就是诚信原则。诚信原则，是指民事主体在民事活动中应当讲究诚实、恪守信用，并依照善意的方式行使权利、履行义务。

第七章 诚信原则：做人要厚道

```
           诚信
    ┌───────┴───────┐
  主观诚信        客观诚信
    │               │
   善意          诚信原则
```

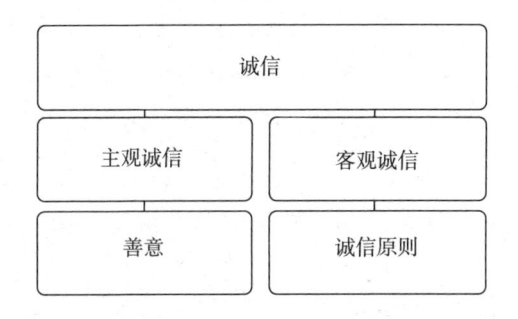

诚信原则是民法中的"帝王条款"，是道德观念的法律化。一方面，诚信原则要求我们做一个诚实善良的人，自觉地维持自己与他人之间权利义务关系的均衡。另一方面，诚信原则也要求立法者和司法者用诚实善良的标准设置和适用规则。诚信原则尽管是法律化的道德观念，但这并不意味着民法要求所有人都成为道德上的完人。这种想法既不现实，也不可能。诚信原则对我们的要求大致可以归纳为三个意思。一是不要损人不利己；二是损人利己的事情可以做，前提是为实现自己的合法利益不得不使他人利益受损；三是与人方便与己方便，在不过分增加自己负担的前提下，尽量关照他人利益。简单地说，诚信原则要求我们做人要厚道。

诚信原则的功能

诚信原则的功能在于控制权利行使和义务履行。[①] 随着现代民法的发展，诚信原则的作用早已远远超出了这个界限。根据诚信原则，禁止权利滥用、权利失效、法律行为基础丧失、合伙人的"忠诚义务"、劳动关系中的"照顾义务"、安全保障义务以及

---

① 陈甦主编：《民法总则评注》（上册），法律出版社2017年版，第45页。

缔约过失责任等一系列具体规则被发展出来。① 我国民法上诚信原则的功能主要包括，行使权利和履行义务的方法、情势变更、权利失效、附随义务的创设、格式条款的内容审查、合同解释、解释与发展法律。②

概括起来，诚信原则的功能主要有两种，一是审查，二是解释。

诚信原则针对既存权利和新生权利均能发挥审查功能。就针对既存权利的审查而言，基于诚信原则而生的禁止权利滥用就是典型例证。这种对于权利行使的审查以权利存在为前提，权利人违背诚信原则的行为被纠正之后，权利仍然能够继续行使。就针对新生权利的审查而言，基于诚信原则而生的缔约过失责任就是典型例证。在缔约过程中，违背诚信原则造成对方信赖利益受损的，受害人就获得了基于缔约过失责任而生的损害赔偿请求权。

诚信原则针对法律规范和法律行为均能发挥解释功能。就针对法律规范的解释而言，针对具体案件情势适用具体规范得出对一方当事人明显不公平的裁判结论时，可以援引诚信原则加以解释。就针对法律行为的解释而言，穷尽《民法典》第142条规定的解释方法，依旧不能确定法律行为含义的，可以援引诚信原则加以解释。

---

① ［德］拉伦茨：《法学方法论》（第6版），黄家镇译，商务印书馆2020年版，第530页。

② 陈甦主编：《民法总则评注》（上册），法律出版社2017年版，第46—48页。

第八章

合法与公序良俗原则：泾渭分明还是暗度陈仓

《民法典》第8条规定，"民事主体从事民事活动，不得违反法律，不得违背公序良俗"。这条基本原则也被称为合法与公序良俗原则。初看起来，这条基本原则对民事主体从事民事活动提出了两个方面的要求，一是不违反法律，二是不违背公序良俗。其实，二者之间有着非常紧密的联系。我们一个一个地说。

合法原则的含义

所谓合法原则，就是从事民事活动不违反法律，即行为要合法。对民事主体来说，合法原则有两方面内容：一是合法行使权利；二是依法履行义务。① 行使权利和履行义务都要遵循法律规定。否则，不但行为的法律效力就可能受到影响，而且可能引发法律上的责任。这里有个地方需要注意，那就是如何认定违反法律规定的行为的效力。《民法典》第153条第1款规定，"违反法律、行政法规的强制性规定的民事法律行为无效。但是，该强制

---

① 王利明：《民法总则研究》（第3版），中国人民大学出版社2018年版，第120页。

性规定不导致该民事法律行为无效的除外"。这个条文是关于违法行为效力评价的一般性规定。其中的表述很值得认真思考，法条没说违法的行为就无效，而是使用了一个有点儿奇怪的表述"强制性规定"。法律法规当中难道还有不具备强制性的规定吗？这种不具备强制性的规范在《民法典》当中不但有，还不少。比方说，《民法典》第136条第1款规定，"民事法律行为自成立时生效，但是法律另有规定或者当事人另有约定的除外"。民事法律行为成立即生效是一般性规则。但是，当事人可以通过约定的方式，另外约定行为生效的时间。这叫任意性规定，这种规定是当事人可以约定排除的。因此，民法上的规定可以分成两种，强制性规定和任意性规定。前者，当事人不得以约定排除；后者，当事人可以用约定排除。说回第153条。这个条文第1款第2句就更有意思了。前面刚刚言之凿凿地说过，民事法律行为违反了强制性规定就无效。这里一个"但是"，来了个反转，"该强制性规定不导致该民事法律行为无效的除外"。这话啥意思？强制性规定不可以约定排除，违反了怎么会不影响行为的效力呢？还真有可能不影响。裁判把强制性规定分为两种，效力性强制性规定和管理性强制性规定。违反前者，民事法律行为无效；违反后者，民事法律行为效力不受影响。合法原则的要求在于，民事法律行为应当合乎法律规定。但是，违反强制性规定的民事法律行为并不一定均为无效。只有违反效力性强制性规定的民事法律行为，其效力才会受到影响。

公序良俗原则的含义

所谓公序良俗原则，是指法律行为的内容及目的不得违反公

第八章　合法与公序良俗原则：泾渭分明还是暗度陈仓

共秩序和善良风俗。① 公序良俗原则是一项非常古老的原则。罗马法上就有规定，违反善良风俗的法律行为要么无效，要么由裁判官赋予原告一项恶意抗辩以对抗原告的诉权。法国民法典在善良风俗之外增加了公共秩序，禁止以特别约定违反有关公共秩序和善良风俗的法律，形成了我们所说的公序良俗原则。德国民法典与法国民法典的做法不同，只规定违背善良风俗的法律行为无效。原因是，德国人认为公共秩序是国际私法领域的概念。

公序良俗包括公共秩序和善良风俗两方面内容。公共秩序，是政治、经济、文化等社会生活的基本秩序，是法律本身的价值体系，代表着社会一般利益。善良风俗，是社会中占据主导地位并获得社会成员普遍认可的道德信念，是法律之外的伦理秩序，代表着社会一般道德观念。公序良俗被称为伦理的最小值，这部分道德被从道德秩序当中剪裁下来，烙上了法律的印记。② 当司法实践遇到立法未能预见的有损社会秩序、有违社会公德的行为，而又缺乏禁止性规定时，可以通过适用公序良俗原则认定这样的行为无效。③ 公序良俗原则既是对强制性规定的补充，也让法官在审理具体案件的过程中享有一定程度的自由裁量权。所以，公序良俗原则的重要功能在于发挥转介的作用。

---

① 梁慧星：《民法总论》（第5版），法律出版社2017年版，第51页。
② ［德］梅迪库斯：《德国民法总论》，邵建东译，法律出版社2000年版，第510—511页。
③ 张鸣起主编：《民法总则专题讲义》，法律出版社2019年版，第51页。

第九章

绿色原则：美丽新世界

人在自然面前永远是渺小的。与地球的存在相比，人类的历史不过是转瞬之间。所以，需要拯救的不是地球，而是人类自己。我们已经意识到了自然资源和生态环境对于人类的意义，这也许还不算太晚。

《民法典》第9条规定，"民事主体从事民事活动，应当有利于节约资源、保护生态环境"。绿色原则是《民法典》积极回应现代社会问题的体现，也是对我国传统法律文化的传承和发展。[1] 这项基本原则具有在民法中确立绿色发展、生态安全、生态伦理价值理念，协调发展与环保、交易安全与生态安全、代内公平与代际公平之关系的功能。[2] 这项基本原则在自然资源的分配上承载了三个方面的正义，秉承一代人之内的分配正义，即代内正义；秉承不同代人之间的分配正义，即代际正义；秉承人与其他物种之间的分配正义，即种际正义。

---

[1] 王利明：《民法总则研究》（第3版），中国人民大学出版社2018年版，第132页。
[2] 吕忠梅等：《"绿色原则"在民法典中的贯彻论纲》，载《中国法学》2018年第1期。

第九章　绿色原则：美丽新世界

　　绿色原则是行为规范，而不是裁判规范。也就是说，绿色原则可以用来要求民事主体本着节约资源和保护生态环境的立场，开展民事活动。但是，这项原则不能被用来否定具体法律行为的效力。其实，民法典在各分编当中已经基于节约资源和保护生态环境的立场，制定了相关的具体制度。例如，物权编关于设立建设用地使用权须节约资源、保护生态环境的规定；合同编关于旧物回收和包装方式的规定，无疑体现了绿色原则的要求；侵权责任编规定了环境污染和生态破坏责任。

第十章

民事法律关系：
基础不牢，地动山摇

民事法律关系能够发挥两项重要作用，一是划定民法调整的范围，也就是决定民法调整哪些社会关系；二是搭建民法规范的体系，也就是民法规范之间有哪些内在联系。这是关于民法的基础知识。无论是学习民法理论，还是适用民法规范，都离不开对民事法律关系的准确理解。

民事法律关系的含义

民事法律关系是由民法规范调整的社会关系，是由民法确认和保护的社会关系。[①] 我们可以从两个方面理解民事法律关系。一方面，民事法律关系是一种社会关系。既然是社会关系，民事法律关系一定是人与人之间的关系。这个"人"是指民事主体，具体包括自然人、法人和非法人组织。这三种民事主体在数量和结构上如何排列组合，都不会影响其身处的民事法律关系的性质。但有一点是确定的，那就是民事法律关系只存在于民事主体之间。

---

① 王利明：《民法总则研究》（第3版），中国人民大学出版社2018年版，第138页。

另一方面，民事法律关系受民法调整。民法对自己调整的领域有非常强烈的边界意识。萨维尼认为，任何一项法律关系都是通过法律规则界定的人与人之间的关系。① 他以法律关系为中心构建了民法体系的各个部分。② 之所以如此，是由于民事法律关系直接体现了民事主体对自己事务的具体安排，其内容和效力与民事主体的主观意志息息相关。

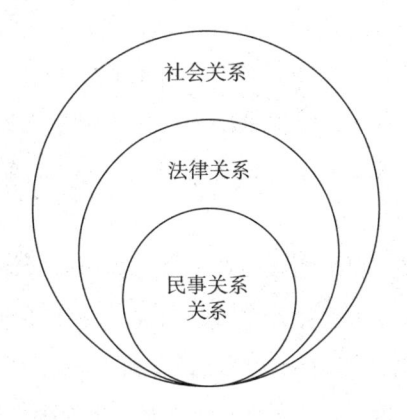

民事法律关系的要素

民事法律关系的要素，就是构成民事法律关系的必要因素。③ 法律关系的要素起码要具备两个条件，一是不可再分，二是存在于法律关系之内。

关于民事法律关系的构成要素，有三种不同的观点。按照构成民事法律关系要素数量的不同，这几种观点分别被称为三要素

---

① ［德］萨维尼：《萨维尼论法律关系》，田士永译，载郑永流主编：《法哲学与法社会学论丛》（七），中国政法大学出版社 2005 年版，第 4 页。
② 何勤华：《西方法学史》，中国政法大学出版社 1996 年版，第 249 页。
③ 王利明：《民法总则研究》（第 3 版），中国人民大学出版社 2018 年版，第 143 页。

说、四要素说和五要素说。三要素说认为，民事法律关系由主体、客体和内容三项要素构成；四要素说认为，民事法律关系由主体、客体、内容和责任四项要素构成；五要素说认为，民事法律关系的要素除了主体、客体和内容之外，还包括民事权利义务的变动以及变动的原因。我们以三要素说的观点为基础聊接下来的内容。之所以不将责任作为法律关系的要素，是由于责任是法律关系受到破坏之后产生的新的法律关系，还能再加以区分。之所以不将法律事实作为法律关系的要素，是由于法律事实是法律关系发生变动的原因，存在于法律关系之外。从实用的立场而言，三要素说意味着我们需要背下来的概念可能会少一点，我们的内心在呼唤"选他，选他"。

按三要素说，民事法律关系由主体、客体和内容三项要素组成。民事法律关系的主体，是指参加民事法律关系，享有民事权利并承担民事义务的人。具体包括自然人、法人和非法人组织。民事法律关系的客体，是指民事权利和民事义务共同指向的对象。具体包括物、行为、智力成果、人身利益和有价证券。民事法律关系的内容，是指民事主体所享有的权利和承担的义务。我们后面的内容，将会围绕这三项要素逐一展开。

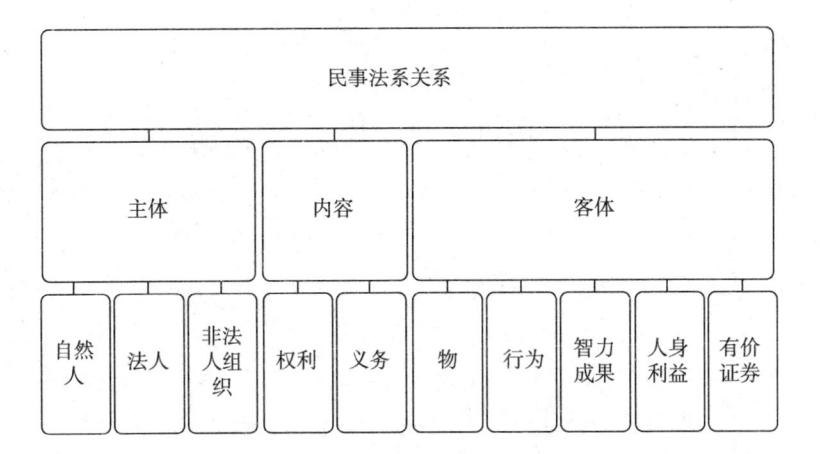

第十章 民事法律关系：基础不牢，地动山摇

```
                    民事法系关系
            ┌───────────┼───────────┐
          主体         内容          客体
       ┌───┼───┐      ┌─┴─┐    ┌──┬──┼──┬──┐
      自  法  非      权  义   物 行  智  人  有
      然  人  法      利  务      为  力  身  价
      人      人                    成  利  证
              组                    果  益  券
              织
```

49

第十一章

自然人：面朝大海，春暖花开

人是一种很奇怪的存在。很多人会觉得，如果心里面已经翻江倒海，脸上依旧能云淡风轻，是一个了不起的能力。就像没人知道海子写下"面朝大海，春暖花开"的时候心里在想啥，但这并不妨碍我们在各种各样的情境中用这句话表达各不相同的心境。所以，民法看待自然人的独特之处在于，民法不知道自然人为何表达特定意志，但民法誓死捍卫这种意志。

自然人的概念

自然人，是指基于自然规律出生，具有五官百骸，区别于其他动物的人。[①] 任何生物学意义上的人都是自然人，无须满足任何其他附加条件。这里面的道理很简单，就是民法把所有的人都当作人来看待。对于民法上自然人概念的理解，可以从两个角度入手。一是平等，具体对应着民事权利能力制度；二是自由，具体对应着民事行为能力制度。

就平等而言，所有人都是人，大家都一样。近代民法以来，

[①] 王利明：《民法总则研究》（第3版），中国人民大学出版社2018年版，第173页。

只要是生物学意义上的人,一经出生就成为民法上的人。这就需要去掉存在于人身上的各种社会身份,人与人的平等是原始意义上的平等。这就好比不少北方人喜欢在澡堂子里谈事情。原因很简单,大家在社会上多多少少会受外物羁绊,用物质性的东西来彰显自己的身份地位。但是,到了澡堂里就不用搞这套。大家统一服装,坦诚相见,省了不少麻烦。在民法制度上,回应这一诉求的是民事权利能力制度。《民法典》第14条写得清清楚楚,"自然人的民事权利能力一律平等"。至于啥叫民事权利能力,后面会说到,大家先要记住这个概念。

就自由而言,所有人都是自由的,但又不是绝对自由。人为所欲为的前提,一是能够理解自己的所作所为,二是能为自己的行为负责。这就要求人具有理性判断的能力。因此,不是所有自然人都能够为所欲为地自由行事,理性的程度决定了行为自由的范围。理性程度越高,行为自由的范围就越大;理性程度越低,行为自由的范围就会相应缩小。具备通常理性能力的谨慎之人被看作理性的自然人,也就是罗马法上的"善良家父"。这就要求民事主体具备必要且充分的意思能力,理性地参与各种民事法律关系。意思能力相同的人,被相同的对待;意思能力不相同的人,则会被不同对待。在民法制度上,回应这一诉求的是行为能力制度。《民法典》第18条至第22条规定了民事行为能力制度。至于啥叫民事行为能力,后面也会说到,大家先要记住这个概念。

自然人的民事权利能力

自然人的民事权利能力,是指自然人依法享有民事权利和承担民事义务的资格,它是每个自然人平等地享有民事权利、承担民事义务的可能性。① 自然人的民事权利能力在罗马法上被称为"人格"。罗马人把生物学意义上的人称为"homo",把具有主体资格的人称为"caput",只有当"homo"拥有了"caput"之后,才是法律意义上的"人"(persona)。② 权利能力的规范目的在于:确定一个人是否能够作为民事主体,并在民法上享有权利和承担义务。权利能力是一个人能够取得权利和承担义务的前提与基础,但不是具体的权利或者义务。③ 因此,自然人的权利能力可以被看作享有权利和承担义务的资格。有了这个资格,就有了必不可少的名分,就能够享有权利和承担义务,进而能够成为法律意义上的人。这个名分有多重要就不言而喻了吧。

最早提出权利能力概念的是蒂堡,④ 就是那个被萨维尼在《论立法与法学的当代使命》里面疯狂输出的男人。蒂堡将权利能力分为自然权利能力和市民权利能力。"自然权利能力,包含所有能产生特定法律关系的物理属性,被称为自然身份";"市民权利能力就是罗马法上称之为人格(Caput)或者身份(status)的东西,包含所有由法律——单个的权利依赖于该法律——创造的属性,称其为民事身份"。⑤ 蒂堡认为,享有自然法上权利能力的前提包括如下几个方面:具备人的身体,已经完全出生,是活体而

---

① 王利明:《民法总则研究》(第3版),中国人民大学出版社2018年版,第174页。
② 朱慈蕴:《公司法人格否认法理研究》,法律出版社1998年版,第2页。
③ 李永军:《论权利能力的本质》,载《比较法研究》2005年第2期。
④ Vgl. Anton F. J. Thibaut, System des Pandektenrechts, Bd. I, Jena, 1803, S. 140. 转引自张保红:《权利能力的双重角色困境与主体资格制度重构》,载《法学家》2014年第2期。
⑤ Anton F. J. Thibaut, a. a. O., S. 156. 转引自沈建峰:《权利能力概念的形成和变迁》,载《北方法学》2011年第3期。

第十一章　自然人：面朝大海，春暖花开

且必须具有存活能力，具有理性。在蒂堡看来，理性的具备是取得权利能力的前提条件，因此，理性有瑕疵的生物人被他排除在权利能力者之外。蒂堡提出的这一理论的关键在于，自然权利能力和市民权利能力的区分。自然权利能力就承载了市民社会对于人格体的理性期待，理性能力成为自然权利能力的实质根据。[①]

首次将权利能力这个概念规定在法典当中的是《奥地利普通民法典》的第18条。《德国民法典》通过这个概念将"人"进一步抽象化，在自然人的基础上塑造了法人的概念。法人从而进入民法制度的视野，自然人也不再是唯一的一种法律意义上的"人"。这就是为什么我们将自然人看作一种规范模型，因为法人是按照这个模型被塑造出来的。法人这个概念以及相关的制度特别刺激，我们要到下一章才会聊，现在先不去管它。

自然人的民事权利能力有三个特点：平等、普遍、不可处分。学者对这个问题的看法并不一致，我们只选取了学者之间争议不是特别激烈的特征，分别说明。

第一，自然人的民事权利能力具有平等性。民法完成近代转型以来，自然人无差别地拥有民事权利能力，这一点没什么争议。自然人自出生开始，民事权利能力就是平等的，因此也必然是完整的。民事权利能力的平等性具体体现在两个方面：形式上，民事权利能力作为一种资格由所有民事主体无差别享有，所有人均可以享有各类民事权利、承担各类民事义务；实质上，民事权利

[①] 冯珏：《自然人与法人的权利能力——对于法人本质特征的追问》，载《中外法学》2021年第2期。

能力的平等享有意味着任何人的尊严和自由都具有等同的、不可侵犯的属性。

第二，自然人的民事权利能力具有普遍性。民事权利能力的普遍性是其平等性的必然推论。民事权利能力的普遍性表现在两个方面：一是权利能力享有的普遍性，也就是说，民事权利能力由全体社会成员普遍地享有，这本来就是平等性的题中应有之义；二是权利能力内容的普遍性，也就是说，民事权利能力为各种民事权利的享有和民事义务的承担提供同样的资格。

第三，自然人的民事权利能力具有不可处分性。既然承认民事权利能力是普遍的、平等的，那么对民事权利能力的处分就既不必要，也不可能。民事权利能力不必处分。作为人格的民事权利能力基于出生自然地取得，由于死亡当然地丧失，在这两个时间点之间始终保持着一个较为稳定的存续状态，没有必要对其作出让与、放弃等处分。民事权利能力不能处分。民事主体地位的有无取决于民事权利能力的享有。我们从出生开始就是人，而且需要一直是人；不能一会儿是个人，一会儿又不是人。而且，民事主体不能用约定排除《民法典》中关于民事权利能力规定的适用，对民事权利能力的处分因此是不可能的。

接下来的问题就是民事权利能力的起止时间了。这事儿简单，就一句话：自然人的民事权利能力始于出生，终于死亡。

自然人的民事权利能力始于出生，这事儿很好理解。问题是，什么时候才算是出生。这事儿学说上曾经有过争论，基本上按照产妇分娩的顺序，产生了阵痛说、露出说和独立呼吸说三种观点。在现行法上，独立呼吸说已经成为通说。也就是说，胎儿完全脱离母体，且在分离之际有呼吸行为，即为完成出生。① 至于胎儿在完成出生之后，脐带是否被剪断、胎盘是否被去除、是否继续生存，并不影响出生的完成。也就是说，胎儿在完全与母体分离并能够独立呼吸之时，就不再是胎儿，而是一个民法意义上的人，开始享有民事权利能力了。至于胎儿完全与母体分离并能够独立呼吸这个状态持续多久，哪怕这个状态只持续了一秒钟，也不会影响胎儿成为人这个事实。至于出生时间的确定，按照《民法典》第15条的规定，以出生证明记载的时间为准；没有出生证明的，以户籍登记或者其他有效身份登记记载的时间为准。有其他证据足以推翻以上记载时间的，以该证据证明的时间为准。《民法典》第16条为了保护胎儿的利益，提供了特别的规则。在涉及胎儿利益保护的事项上，胎儿被拟制为具有民事权利能力。而且，立法采用了总括式的保护方式，对胎儿能取得的权利不做限制。但是，我们刚刚说过，自然人的民事权利能力始于出生。尚未出生的胎儿显然没有民事权利能力，也就不能成为民事主体，更不能享有民事权利。正是出于这样的原因，胎儿民事权利能力的拥有是拟制的结果。而且，这种拟制是有条件的。也就是说，胎儿被拟制为具有民事权利能力，出生时为死体这一条件成就时，则溯及既往丧失民事权利能力。

  自然人的民事权利能力终于死亡，这事儿就稍稍复杂一点。民法上的死亡有两种：一种是人真的死了，即生理死亡；另一种是人不一定真的死了，即宣告死亡。生理死亡，也称自然死亡，

---

① 龙卫球：《民法总论》（第2版），中国法制出版社2002年版，第197—198页。

是指自然人生命的自然终结。[①] 死亡当中比较复杂的问题也在于此。海德格尔提到的"向死而生"有着浓厚的哲学韵味,其中的浅层意蕴就在于,人自出生开始就在走向死亡;其中的深层意蕴有太多解读了,一两句话说不清楚。所以说,死亡是个过程。但是,法律意义上的死亡不可以是一个时间段,而必须是一个时间点,否则很多问题的处理会变得很麻烦。比如,继承。我们知道,继承需要满足若干条件。其中,最重要的一项就是被继承人死亡。这意味着被继承人的生命状态只能有两种情况:一种是死了,开始继承;另一种是没死,不开始继承。如果死亡是表现为一个时间段的过程,那么被继承人就要出现第三种生命状态:正在死亡。这时候,继承开始还是不开始?再比如,婚姻。死亡会导致婚姻关系终止。因此,配偶一方的生命状态也只能有两种情况:活着,夫妻二人继续过日子;死了,对方恢复单身。如果死亡表现为一个过程,那么对方的婚姻状态就会变得很奇怪。所以,确定死亡的时间点就非常重要。我们想到的第一个解决方案就是向医学求助。可是,医学在这个问题上表现得很哲学。医学同样认为死亡是一个过程。而且随着诊疗技术的发展,即便是在患者没有意识的情况下,依旧可以依靠机器维持人的生命体征。这么一来,跟隔壁医学院的同学那儿抄答案这条路就行不通了。于是,只剩下一个简单粗暴的办法了。《民法典》第15条规定了死亡时间的确定标准,自然人的死亡时间,以死亡证明记载的时间为准;没有死亡证明的,以户籍登记或者其他有效身份登记记载的时间为准。

[①] 王利明:《民法总则研究》(第3版),中国人民大学出版社2018年版,第185页。

第十一章 自然人：面朝大海，春暖花开

有其他证据足以推翻以上记载时间的，以该证据证明的时间为准。别以为这就完了，这只是单人死亡的情况。当有数人在同一事件中遇难，且数人之间存在继承关系的，死亡时间的确定尤其具有重要意义。《民法典》第1121条第2款规定，"相互有继承关系的数人在同一事件中死亡，难以确定死亡时间的，推定没有其他继承人的人先死亡。都有其他继承人，辈份不同的，推定长辈先死亡；辈份相同的，推定同时死亡，相互不发生继承"。死亡的第一种类型，生理死亡就大致说到这里。接下来，要说一下死亡的另一种类型，宣告死亡。

宣告死亡，是指自然人下落不明达到法定期限，经利害关系人申请，人民法院经过法定程序在法律上推定失踪人死亡的一项制度。[①] 按照《民法典》第46条的规定，下落不明满4年或者因意外事件，下落不明满2年的，利害关系人可以向人民法院申请宣告该自然人死亡。这里面有件事儿要说清楚。生理死亡意味着民事权利能力的终止，而宣告死亡则不同。被宣告死亡的人并不会由于死亡宣告而真正丧失民事权利能力，恰恰相反，即便是被宣告死亡，被宣告人的民事权利能力也不受影响。除了宣告死亡之外，《民法典》还规定了宣告失踪，二者并称为"两宣"制度。"两宣"制度均处理自然人下落不明引发的法律问题。宣告死亡具有推定死亡的效力；宣告失踪具有为失踪人设定财产代管人的效力。

---

① 王利明：《民法总则研究》（第3版），中国人民大学出版社2018年版，第242—243页。

57

自然人的民事行为能力

自然人的民事行为能力，是指自然人能够以自己的行为行使民事权利和承担民事义务，并且能够对于自己的违法行为承担民事责任。它是自然人可以独立进行民事活动的能力或资格。[①] 民事行为能力制度是为了实现民事法律制度调整民事法律关系所欲达成的规范目标。民事行为能力是一个规范概念，既不是对事实的描述，也不是对主体的评价。对于民事行为能力而言，描述与评价均无助目标的实现。民事行为能力之所以不是描述事实，是由于有民事行为能力并不意味着事实上啥都能干，没有民事行为能力也不意味着啥都干不了。民事行为能力之所以不是对民事主体的评价，是由于有民事行为能力的人未必比没有民事行为能力的人高明到哪里去。所以，自然人的民事行为能力制度体现的内容主要是，法律要求自然人能够对自己的所有事务作出独立判断。至于自然人需要作出判断的事务有多复杂，判断的结论是否合理，法律不管，也管不着。因此，民事行为能力可以被看作与理性息息相关的概念。理性被看作权利能力之源。但是，客观世界当中理性能力欠缺的儿童、不能完全识别自己行为的精神病人等因理性能力的瑕疵而无从取得权利能力。这就产生了一个悖论，一方面民法规定人人平等；另一方面又存在人为非人的情况。为了破解这一悖论，萨维尼提出了权利能力与行为能力相区分的观念。[②] 前者只考虑权利取得的可能性，不涉及权利的享有和行使，不以

[①] 王利明：《民法总则研究》（第3版），中国人民大学出版社2018年版，第189页。
[②] 顾祝轩：《民法概念史·总则》，法律出版社2014年版，第33页以下。

第十一章 自然人：面朝大海，春暖花开

理性为必要；后者考虑权利的现实取得，以理性为必要。

对自然人民事行为能力的理解，可以从三个方面着手。第一，民事行为能力是民事主体独立进行民事活动的能力；第二，民事行为能力以意思能力为基础；第三，民事行为能力取决于法律规定。[1] 我们一个一个地说。

第一，民事行为能力是民事主体独立进行民事活动的能力。这里的独立进行民事活动其实就是实施民法上的行为。我们前面聊过，民法上的行为有两种：法律行为和事实行为。前者的法律效果取决于当事人的意志；后者的法律效果则取决于法律规定，与当事人的意志无关。因此，实施事实行为的民事主体是否具备民事行为能力，或者具备何种层级的民事行为能力（是的，它还分等级，后面我们会聊到）并不影响其法律效果。于是，民事行为能力就有广义和狭义两种理解。行为能力"自广义而言，乃依自己的意思活动，得引起法律上效果之能力也"。[2] 这里的"意思活动"显然包括但不限于法律行为。与之相应，狭义的民事行为能力是行为人有效实施法律行为的能力。[3] 可见，广义的民事行为能力说的是民事主体实施法律行为和事实行为的能力；狭义的民事行为能力说的是民事主体实施法律行为的能力。

第二，民事行为能力以意思能力为基础。所谓意思能力，是指自然人认识自己行为的动机与结果，并根据此认识决定其正常

---

[1] 王利明：《民法总则研究》（第3版），中国人民大学出版社2018年版，第189—190页。
[2] 史尚宽：《民法总论》，中国政法大学出版社2000年版，第108页。
[3] 朱庆育：《民法总论》（第2版），北京大学出版社2016年版，第240页。

的意思之能力。[1] 这是个很有意思的概念。简单来说，意思能力基本就是民事主体演内心戏的能力。一般来说，我们在做决定的时候大致是这么个过程。先有个动机，这个动机大概率来自我们基于生理或（和）心理需求产生的欲望。为了满足这个欲望，我们需要采取行动。接下来的问题是，我们需要采取什么样的行动才能实现这个欲望。在确定了我们所需采取的行动之后，我们一般不会马上动手。也别马上动手，冲动是魔鬼啊！我们需要考虑一下这个行动可能产生的结果。能满足欲望是一定的，除此之外还有没有其他问题。如果没有，那就可以下手了。如果会产生其他问题，我们要考虑其他问题是不是我们能够承受的。如果能，那就可以下手了；如果不能，那咋办……这个过程被称为决策树。这棵树会随着所需考量因素的多寡，表现得很高或者很矮，枝丫也随之变得细密或者粗疏。隔壁搞经济学的朋友把这个搞得特别溜，有空可以去那边蹭课。说到这里，大伙儿应该看明白了。意思能力比较强的人，运用其掌握的信息进行理性思考的能力就越强，内心戏也就越丰富；意思能力比较弱的人，内心戏越少。影响意思能力的因素很多，比较确定且客观的因素是年龄和精神状态。

第三，民事行为能力取决于法律规定。这个地方大家要注意。意思能力的有无与强弱是个事实问题。也就是说，意思能力可能被忽视，但不会因为被忽视就不存在了；意思能力也可能被低估，但不会因为被低估就变弱了；意思能力还可能被高估，但不会因

---

[1] 梁慧星：《民法总论》（第5版），法律出版社2017年版，第67页。

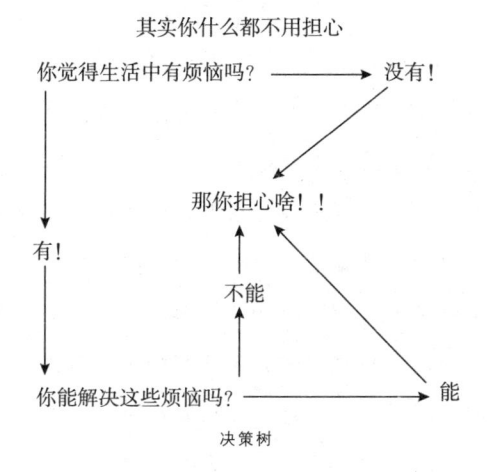

第十一章 自然人：面朝大海，春暖花开

```
                其实你什么都不用担心
   你觉得生活中有烦恼吗？ ──────→ 没有！
         │                        │
         │                        ↓
         │                    那你担心啥！！
         ↓                     ↑      ↑
        有！                   │      │
         │                    不能    │
         │                     │      │
         ↓                     │      │
   你能解决这些烦恼吗？ ────────┘     能
                    决策树
```

为被高估就变强了。民事行为能力虽然以意思能力为基础，但与意思能力并不是一个概念。意思能力是民事主体实际拥有的能力，而民事行为能力是基于法律规定产生的。某个人可能拥有极为强悍的理性思考能力，但在法律上还是仅有限制民事行为能力的未成年人；某个人可能已经成年了，但进行理性思考的能力也没有比小朋友强多少。所谓穷人家的孩子早当家，或者男人至死是少年，说的都是这个道理。所以，民事行为能力与意思能力不是一回事儿，这俩概念联系很紧，但是不同。民法按照自然人的年龄和精神状况，将自然人分为三种类型：完全民事行为能力人、限制民事行为能力人和无民事行为能力人。

民事行为能力的划分

民事行为能力的划分标准很好记，一是年龄，二是精神状况。完全民事行为能力人是18周岁以上的成年人。16周岁以上的未成

61

年人，以自己的劳动收入为主要生活来源的，视为完全民事行为能力人。限制民事行为能力人是 8 周岁以上的未成年人和不能完全辨认自己行为的成年人。无民事行为能力人是不满 8 周岁的未成年人和不能辨认自己行为的成年人。

完全民事行为能力，是指自然人能以自己的行为独立享有民事权利，承担民事义务的资格。① 现在我们知道，完全民事行为能力人一般是年满 18 周岁的成年人。成年人一般已经具备了相当的知识和社会经验，能够在社会生活当中独立判断和预见自己行为的后果。换句话说，成年人一般都懂事了，或者立法者认为他们懂事了。自己的事情该自己做，更要自己负责。需要注意的问题是，完全民事行为能力人可以独立实施民事法律行为只是一般意义上的判断。我国民法规定，即便是在成年之后，也有不能实施的行为，例如，结婚。《民法典》第 1047 条规定的法定婚龄是男性 22 周岁，女性 20 周岁。这一点上，日本《民法典》与我国规定完全不同。日本民法规定，自然人 20 岁才告成年。但是，日本的法定结婚年龄则是男性 18 周岁，女性 16 周岁。德国民法上规定的成年年龄与法定结婚年龄均为 18 周岁。但是，德国《民法典》第 1303 条第 2 款规定，申请人年满 16 周岁且未来配偶已成年的，可以在取得家庭法院许可后结婚。这就产生了很有趣的结婚成年制度，也就是一经结婚，即告成年。另一个需要注意的问题是，我国民法虽然没有规定结婚成年，但是规定了劳动成年。也就是《民法典》第 18 条第 2 款规定的，"十六周岁以上的未成

---

① 王利明：《民法总则研究》（第 3 版），中国人民大学出版社 2018 年版，第 195 页。

第十一章 自然人：面朝大海，春暖花开

年人，以自己的劳动收入为主要生活来源的，视为完全民事行为能力人"。此处的"视为"属于法律上不可推翻的推定，也就是"即是"。

限制民事行为能力，又称不完全民事行为能力，是指自然人部分独立地，或者说在一定范围内具有民事行为能力。① 民事行为能力与民事权利能力不同，并不是一个全有或全无的概念，这其中有一个很重要的中间状态，就是限制民事行为能力。毕竟人的心智发育是一个不断走向成熟的过程，而不是一蹴而就。因此，限制民事行为能力人可以从事与其年龄和智力相适应的行为。如果法律行为与其年龄和智力不相适应，则必须由限制民事行为能力人的法定代理人代为实施，或者在征得法定代理人的同意后自行实施。

无民事行为能力，是指自然人无独立从事民事活动的资格，也就是说，不具有以自己的行为取得民事权利和承担民事义务的资格。② 简单地说，无民事行为能力人啥事儿都不能做，需要由其法定代理人代为实施。这就产生了一个需要我们注意的问题，无民事行为能力人可以实施一些日常生活中的细小行为。那么，哪些行为必须且细小可能就见仁见智了。人与人的悲欢并不相通，人们之间的生活环境和成长经历也不相同。贫穷和富足一样，都会限制我们的想象力。

关于自然人，我们就先聊这么多。大伙儿千万别以为民法上

---

① 王利明：《民法总则研究》（第3版），中国人民大学出版社2018年版，第197页。
② 王利明：《民法总则研究》（第3版），中国人民大学出版社2018年版，第200页。

与自然人有关的内容就到此为止了。其实，与自然人有关的民法制度还有很多我们没仔细聊，与之相关的很多有趣的思考也没有来得及展开。随便找本民法教科书都会发现，我们聊到的内容其实只是一小部分。的确，这样的选择很大程度上牺牲了自然人制度的完整性。之所以用这样的方式和大家聊天，其实是为了呼应前面说过的那句话，自然人"在各类民事法律关系主体当中被看成规范模型"。这句话的意思说白了就是，法人和非法人组织都是按照自然人的制度逻辑被设计出来的。那自然人的制度逻辑当中最核心的内容是什么呢？民事权利能力和民事行为能力。民事权利能力让人成为民法上的人，民事行为能力让民法上的人做想做的事情。问题是，人是社会动物，需要存在于社会关系当中。游离于社会关系之外的人，很难实现自洽，即便是在精神层面上。于是，团体的出现就成了一种必然。团体是模仿有理性的"大自然"最精美的艺术品——"人"。[①] 组成团体的，要么是人，要么是人的财产。无论怎样，团体都离不开对人的模仿。接下来，我们要聊的就是民法上另外两种表现为团体的民事主体，法人和非法人组织。

[①] [英]霍布斯：《利维坦》，黎思复、黎廷弼译，商务印书馆1985年版，第1页。

第十二章
法人：生死看淡，不服就干

民法上组织体和自然人之间外观上的差异很明显，自然人是"人"，组织体是"从"，"众"或者"人从众"。这就催生了自然人和组织体之间另一个重要的差异，自然人的想法基本上靠自己琢磨，组织体的想法基本上靠开会。是的，民法上组织体主观意志的产生大体上跟玩剧本杀差不多。民法上的组织体有两种，法人和非法人组织。我们先聊法人。

法人的含义

法人者，团体人格也。[1] 罗马法学家已经注意到除了自然人之外还有社团的存在，但是他们并没有明确提出法人的概念。大陆法系国家最早采纳法人概念的是1784年的普鲁士邦普通法典。1900年，德国《民法典》承认了法人作为独立的民事主体，但没有给出一个明确的法人概念。[2] 我国《民法典》第57条规定："法人是具有民事权利能力和民事行为能力，依法独立享有民事权利和承担民事义务的组织。"这是我国民法对法人的定义。

---

[1] 江平主编：《法人制度论》，中国政法大学出版社1994年版，第1页。
[2] 史尚宽：《民法总论》，中国政法大学出版社2000年版，第120页。

按照《民法典》对法人的定义，我国民法上的法人有四个特点：独立的名义、独立的财产、健全的组织机构和独立的责任。法人这种"三独立一健全"的特征表明，法人的概念是"抄作业"抄出来的，法人是以自然人为规范模型建立起来的概念。法人和自然人一样，需要有自己的名义。这意味着，一方面明确了法人能够参与民事活动，另一方面说明法人拥有民事权利能力和民事行为能力。法人和自然人一样，需要有自己的财产。法人的财产是独立于法人投资者以及法人成员的财产。也就是说，法人的财产独立于其他民事主体的财产。这是法人享有权利和承担义务的基础，也是独立承担民事责任的基础。法人和自然人一样，需要有自己的意志。自然人的意志来自头脑，法人的意志来自其组织机构。法人组织机构的作用在于形成、表达和执行法人的意志。尽管不同类型的法人所需具备的组织机构各不相同，但是其作用大体是一致的。法人和自然人一样，需要承担自己的责任。法人的责任是独立的。就像法人的财产独立于其他民事主体一样，法人的责任也独立于其他民事主体。法人的独立责任意味着法人所需要承担的责任有明确的界限。也就是说，法人承担的责任是有限度的。法人的有限责任具体表现为，法人以自己的全部财产对自己的债务承担责任，法人的成员及设立人仅以其出资或认缴的出资为限对法人债务承担责任。[①] 以自然人为模板，团体或者说组织，就这样在法律上取得了自己的独立地位，并能够利用这样的地位帮助自然人实现特定目的。这些组织便是法人，即通过法

[①] 江平主编：《民法学》，中国政法大学出版社2007年版，第87页。

第十二章　法人：生死看淡，不服就干

律制度形成的人。① 对民法来说法人的本质在于，可依实证法而赋予某一人之社团或某一财产集合体享有本属于自然人的财产能力。② 从产生开始，法人的功利属性就很明显。这个仿照自然人建立起来的组织是自然人实现其目标的工具。

法人的属性

法人是按照自然人这个模板创造出来的。那么，相较于自然人，法人的独特属性就成了接下来我们需要讨论的问题。这事儿很重要，关系到法人如何在这个世界上自处，也关系到制定法对法人采取何种态度。自然人因自然规律而出现在这个世界上，被看作一种当然的客观存在。我们对于人的本质有很多解读，但人的存在本身即便不是确定无疑的，也很难被质疑掉。笛卡尔曾说，"我思故我在"。这就意味着，人在"思"的时候，肯定是存在的；在"不思"的时候，在不在谁都说不清楚。法人就不一样了。团体在人类社会源远流长，但在19世纪的德国民法上，法人这个概念绝对属于新生事物。德国人就如何在民法上认识法人这个概念结结实实吵了一架。整个19世纪，没有一个问题像法人本质问题这样令德国民法界投入那么多精力。③

关于法人本质的认识主要有三种观点，拟制说、否认说和实在说。

---

① ［德］梅迪库斯：《德国民法总论》，邵建东译，法律出版社2013年版，第813页。
② Mugdan：《德国民法典的立法动机》，第1卷，第78页。转引自［德］托马斯·莱赛尔：《德国民法中的法人制度》，张双根译，唐垒校，载《中外法学》2001年第1期。
③ ［德］托马斯·莱赛尔：《德国民法中的法人制度》，张双根译，唐垒校，载《中外法学》2001年第1期。

第一种观点叫作拟制说。萨维尼、温德沙伊德等人认为，只有自然人才称得上是真正的人，能够拥有权利能力，法人是法律拟制的产物。在拟制说看来，无论是罗马法传统、基督教神学、启蒙思想还是理想主义的德国哲学当中，都将自然人看作法律秩序当中的唯一主体。原因在于，自然人是仅有的一种能够在上帝面前对自己的行为负责且具有道德自律性的生物。超越个人的团体要取得如同自然人一般的法律地位，只能基于法律拟制。至于如何拟制，则取决于立法者的态度。简单来说，拟制说的意思就是法人不是人，只不过立法把法人当作人来看待。

第二种观点叫作否认说。布林茨认为，法人是具有特定目的的财产。否认说因此也被称为目的财产说。在目的财产说看来，团体因特定目的而存在，为实现特定目的而活动。团体不会当然地成为民法上的人，只能基于法律制度的规定获得与自然人相同的法律地位。因此，有特殊目的但是没有主体参与的特定财产获得法人地位在理论上完全没有障碍。但是，法人的财产并不属于法人本身，在有自然人主体参与的情况下，法人财产属于管理其财产的自然人；在没有自然人主体参与的情况下，法人也仅仅是形式上的权利义务主体，实际上的权利义务归属者只是享有法人财产利益的个人。目的财产说的一项重要贡献在于，这个学说指出法人为了能够像自然人那样实施行为，就必须拥有自己的意思决定机关和财产基础。简单来说，否认说的意思就是法人不是人，而是一笔财产。这笔财产在追求目的的过程中产生的权利和义务最终还是要归属于享有这笔财产的自然人。

第三种观点叫作实在说。基尔克认为，法人如同自然人一样，

第十二章 法人：生死看淡，不服就干

具有实质性的组织体，是现实存在的。在实在说看来，法人并不是法律的虚构，而是具有自己的团体意识和利益，是一种客观存在的主体。法人由超越个人的有机体操作，因此法人的人格是真实存在的。就像自然人通过人体器官实施行为一样，法人通过自然人实施行为。法人是作为一种超越个人的社会实体存在的。法人实在说为法人摆脱国家控制而自由设立开辟了道路。简单来说，实在说的意思就是法人是和自然人一样的人，是民事主体的一种。

德国人对于法人性质的争执其实是要搞清楚的是法人到底是不是一种民法意义上的人，也就是法人是不是能够成为民事法律关系的主体。各种学说之间的立场相去甚远。拟制说的核心在于表达对自然人的尊崇，但并未解决认可自然人之外的民事主体为什么是必要且正当的。否认说在价值取向上与拟制说相近，二者都维护自然人的本体地位。但是，否认说很难解释法人为什么能够独立于自然人承受责任。实在说让法人能够摆脱国家的束缚得以自由地存在于社会当中。但是，实在说抹杀了自然人与团体之间的界限，将伦理人与制度人等量齐观，为法人凌驾于自然人之上提供了制度基础。德国人就法人性质吵了很久之后，突然意识到这个争论的意义不大。因为法人已经像自然人一样在社会上存在很久了，学说上的争论并不能改变这个现实。于是，人们倾向于采用中性表述：法人就其宗旨而言被视为归属载体。适用于自然人的规范应当以某种"有限度的类推"方式适用于法人。[①] 当然，我们也不难看出类推说这种办法并不完善。自然人规范如何

[①] ［德］梅迪库斯：《德国民法总论》，邵建东译，法律出版社2013年版，第823页。

以及在多大程度上类推适用于法人,仍然需要从立法当中寻找确定的答案。兜兜转转,关于法人性质的讨论似乎又回到拟制说、否认说和实在说的争吵当中了。在法学领域,终结和开启学术争论最有效的途径就是立法。我国《民法典》第 57 条将法人定义为,"法人是具有民事权利能力和民事行为能力,依法独立享有民事权利和承担民事义务的组织"。这一立场是实在说最直白的表达,[1] 我们也因此将法人与自然人等量齐观,将其看作客观存在的民事主体。

法人的民事权利能力

法人的民事权利能力,是指法人作为民事权利主体,享有民事权利并承担民事义务的资格。[2] 法人的民事权利能力关系着法人产生和消灭。《民法典》第 59 条规定,法人的民事权利能力,从法人成立时产生,到法人终止时消灭。这就意味着,在法人获得法律生命的问题上,法人的成立相当于自然人的出生,法人的终止相当于自然人的死亡。我们一直在说,自然人是民法上各种组织体的模板。民法上关于组织体的制度设计建立在自然人规范逻辑的基础之上。这个道理说起来简单,做起来就不容易了。大家经历了九年义务教育,都抄过作业。抄作业的基本常识是,抄完记得改几笔。谁都知道,正确的答案千篇一律,错误的答案各有不同。极致的抄,一定不是丝毫不差的完美复刻。法人不同于自然人的一个重要特质在于,自然人是生出来的,而法人产生的

---

[1] 朱庆育:《民法总论》(第 2 版),北京大学出版社 2016 年版,第 464 页。
[2] 王利明:《民法总则研究》(第 3 版),中国人民大学出版社 2018 年版,第 285 页。

第十二章 法人：生死看淡，不服就干

方式可以有很多种，唯独生不出来；自然人的生命必然有终点，而法人在理论上可以存在很久很久，而且法人生命终止的方式也与自然人不同。

法人民事权利能力的产生与自然人不同。我们知道，自然人民事权利能力开始的时间点是出生。我们也知道，自然人的出生是不受法律制度影响的。也就是说，无论制度怎样规定，法律都无力阻止一个新生命到这个世界闯荡一番的决心。人类制定的规范在自然规律面前永远是弟弟。自然人的出生方式对于其主体资格的享有更不会有任何影响。现代社会医学昌明，以辅助生殖技术为代表的各类新型技术手段都在发挥帮助人类繁衍后代的作用，让更多的新生命更安全地降临到这个世界上。自然人的出生方式可以有很多种，法律所能做的只是以尽可能准确的方式确认其出生的时间点，以便调整基于出生这个事实而产生或者变化的社会关系。

法人民事权利能力的产生以满足法定要件为前提，实证法的立场直接关乎法人法律生命的取得。也就是说，法人如何"出生"以及何时"出生"，取决于立法上设定的规则。法人成立的问题主要就是法人的设立规则。《民法典》第58条第1款规定，法人应当依法成立。这里所说的依法成立有两个方面的要求，一是法人成立的程序和条件要合法；二是法人的目的宗旨、组织机构等要合法。法人的成立有5种立法方式。第一，自由主义，也叫放任主义。立法对法人的设立不要求任何形式，只要具备法人的实质，政府即予以承认。第二，特许主义，又称立法特许主义。通过颁布特定的立法以成立特定的法人组织。第三，核准主义，又称许

可主义、行政许可主义。法人设立必须经过行政机关许可。第四，准则主义，又称登记主义。只要符合国家规定的设立标准，不必经过行政机关的许可，仅需向登记主管机关办理登记，法人即可成立。第五，强制主义。国家在一定范围内强制设立法人。[①] 在法人成立的方式上，我国不采用自由主义，无论属于何种性质的法人，其成立均需有法律依据。[②] 根据法人类型和国家管制程度的不同，我国民法对法人设立的条件以法定主义为原则，涵盖了准则主义和核准主义。不同类型法人的设立方式由相关法律、法规分别予以具体规定。总体而言，法人依法成立应当符合如下条件：第一，成立程序合法。公司采用准则主义，捐助法人采用核准主义。第二，成立条件合法。法人除了要在目的、宗旨等方面符合法律的要求之外，还需要具备法律规定的财产、经费、组织机构等条件。[③]

法人民事权利能力的终止与自然人也不相同。我们前面说过，自然人人格的终止就意味着死亡。自然人的死亡有两种情况，生理死亡和宣告死亡。对法人而言，生理死亡是不可能发生的事情，这就像法人不存在生物学意义上的出生一样。于是，法人的终止就像法人的设定一样取决于制定法所设定的规则。

法人的终止，亦即法人的消灭，是指法人丧失民事主体资格，

[①] 郑玉波：《民法总则》，中国政法大学出版社 2003 年版，第 178 页；史尚宽：《民法总论》，中国政法大学出版社 2000 年版，第 151 页；王利明：《民法总则研究》（第 3 版），中国人民大学出版社 2018 年版，第 274 页。

[②] 梁慧星：《民法总论》（第 5 版），法律出版社 2017 年版，第 137—138 页。

[③] 王利明、杨立新、王轶、程啸：《民法学》（第 6 版）（上册），法律出版社 2020 年版，第 106 页。

第十二章 法人：生死看淡，不服就干

不再具有民事权利能力与行为能力的一种状态。[①] 法人是仪式感特别强的组织。需要有特定事由出现并经过解散、清算等法定程序，法人的主体资格方可消灭。法人的终止表现出严格的法定主义特征。[②] 按照《民法典》第 68 条的规定，三个原因会导致法人终止。一是法人解散，二是法人被宣告破产，三是其他原因。法人终止意味着法人退出市场。按照法人退场的不同方式，可以将法人终止分为自愿退出和强制退出两种类型。简单来说，法人民事权利的终止大致上有两种方式，要么自行了断，要么假手他人。

自行了断主要是指法人解散。按照《民法典》第 69 条的规定，法人可能基于五种原因而解散。一是法人章程规定的存续期间届满或者法人章程规定的其他解散事由出现；二是法人的权力机构决议解散；三是因法人合并或者分立需要解散；四是法人依法被吊销营业执照、登记证书，被责令关闭或者被撤销；五是法律规定的其他情形。我们可以看出，第一种原因是法人在设立之初就已经确定了解散的期间或事由，第二种原因是法人自行决定不再存续，第三种原因是法人有了新的发展。这三种原因被统称为自行解散，也就是法人自愿退出市场。

假手他人则包括法人被解散和被宣告破产。除了自行解散之外，法人解散的另外两种原因是行政解散和司法解散。《民法典》第 69 条规定的第四种原因比较特殊，也被称为行政解散。其中，吊销营业执照、登记证书，是指剥夺被处罚法人已取得的营业执

[①] 江平主编：《法人制度论》，中国政法大学出版社 1994 年版，第 154 页。
[②] 马俊驹：《法人制度的基本理论和立法问题之探讨》（下），载《法学评论》2004 年第 6 期。

照、登记证书，使其丧失继续从事经营活动的资格；责令关闭，是指因行为人违反了有关法律法规规定，由行政机关作出停止经营的处罚决定，使法人停止其经营活动；被撤销，是指由行政机关撤销有瑕疵的行政登记。上述情形均源于行政机关的行政行为，在上述行为发生后，法人应解散并进入清算程序。《民法典》第69条规定的第五种原因被称为司法解散，这种终止法人民事权利能力的方式主要针对公司。公司作为私主体，其运行应坚持自治原则，但当公司经营管理发生严重困难，继续存续会使股东利益受到重大损失，而通过其他途径又不能解决时，为改变公司瘫痪状态，保护中小股东利益，司法权可以审慎介入，以法院判决的方式解散公司。① 法人被宣告破产，是指法院依据当事人申请或法院依职权裁定宣布作为债务人的法人破产以清偿债务。行政解散、司法解散和被宣告破产这三种情形被称为强制退出，也就是法人被强制退出市场。

无论是自行了断，还是假手他人，法人终止之后其主体资格原则上不复存在。也就是说，法人就此丧失民事权利能力，不再能够享有权利和承担义务，不再是民法上的人。但是，千万别以为事情到这里就这么算了。法人终止过程中，还有一件大事要办：清算。

清算，是指法人在终止之前应当对其财产进行清理，对债权债务关系进行了结。②《民法典》第70条第1款规定，法人解散

---

① 参见在林方清诉常熟市凯莱实业有限公司、戴小明公司解散纠纷案，最高人民法院指导案例8号（2012年）。

② 王利明：《民法总则研究》（第3版），中国人民大学出版社2018年版，第299页。

第十二章　法人：生死看淡，不服就干

的，除合并或者分立的情形外，清算义务人应当及时组成清算组进行清算。清算要做的事情其实很简单，基本上就是法人冲自己的债务人喊话，"请你拿了我的给我送回来"；法人的债权人也要站出来对法人喊话，"请你欠了我的给我还回来"。清算实质上就是让法人曾经身处的各种社会关系有个终局性的了结，法人不会逃废债务，也不会被逃废债务。法人清收债权、清偿债务、分配剩余财产（如果有）之后，就把对外对内的各种账目算清楚、结干净了，可以安心地从这个社会上消失了。需要注意的是，法人清算不是发生在法人终止之后，而是在法人终止之前。这就和自然人不一样了。自然人虽然也会面临财产清算的问题，但是自然人的财产清算一般发生在自然人死亡之后，由死者的继承人或遗产管理人实施清算。对法人来说，清算必须在法人终止之前完成。这里面的道理很简单，清算需要由民事主体来完成，法人终止意味着法人民事权利能力的消灭，其主体资格随之消灭，自然无从完成清算。因此，法人的清算只能发生在法人终止之前。

清算期间的法人称为清算法人。对于身处清算时期的法人所特有的性质，有四种不同的看法。一是清算法人说。二是拟制存续说。三是同一人格说。四是同一人格兼拟制说。[1]《民法典》第72条第1款规定，清算期间法人存续，但是不得从事与清算无关的活动。由此看来，我国民法上采用了同一人格说。[2] 也就是说，法人在开始清算之前和清算过程中具有同一人格。只不过在清算

---

[1] 郑玉波：《民法总则》，中国政法大学出版社2003年版，第199页。
[2] 朱庆育：《民法总论》（第2版），北京大学出版社2016年版，第443—444页；王利明：《民法总则研究》（第3版），中国人民大学出版社2018年版，第301页。

的过程中，法人的权利能力受到限制，只能从事与清算相关的活动。清算法人也是法人，"他还是曾经那个少年"，但有一丝丝改变。顾名思义，清算法人能做的事情只有清算。

清算这事儿说起来简单，办起来不容易。清算需要有人组织，有人实施。首先需要有个人来组织清算，组织清算的人叫作清算义务人。清算义务人，是指基于其与法人之间存在的特定法律关系而在法人解散时对法人负有依法组织清算的义务，并在法人因未及时清算给相关权利人造成损害时依法承担相应责任的民事主体。《民法典》第 70 条第 2 款规定，法人的董事、理事等执行机构或者决策机构的成员为清算义务人。法律、行政法规另有规定的，依照其规定。有了清算的组织者之后，就需要具体的人来实施清算了，实施清算的人叫清算人。清算义务人与清算人是两个不同的法律概念。清算义务人的义务是组织清算，故又有人称之为法人清算的组织主体。而清算人是在清算中具体实施清算事务的主体。当然，清算义务人亦可直接担任清算人。

法人的民事行为能力

法人的民事行为能力是法人以自己的意思独立进行民事活动，取得权利并承担义务的资格。[①] 法人作为民事权利的主体，需要这个资格来以自己的行为享有民事权利并承担民事义务。享有民事行为能力意味着拥有理智地形成意思的能力，与之相应，不能理智地形成意思，也就不应拥有行为能力或不应拥有完整的行为能力。这是意思自治的前提，也是民法的基础。建立在意思自治

[①] 王利明：《民法总则研究》（第 3 版），中国人民大学出版社 2018 年版，第 287 页。

第十二章 法人：生死看淡，不服就干

基础上的民事法律行为制度必然坚持这个认识。法人是否拥有自己的独立意志就成了法人是否具备行为能力的基础。法人有没有自己独立的意志实际上涉及的是更深层次的问题，即法人是不是真实存在的问题。[1] 这事儿我们前面聊过，《民法典》采用法人实在说。在确认法人拥有民事权利能力之后，于是，接下来的问题就是法人是否具备民事行为能力以及如何运用这个能力享有权利和承担义务。

关于法人是否具备民事行为能力，有两种不同的观点。一是代理说。该说基于"法人拟制说"认为，法人是由法律拟制的，当然没有意思能力，而没有意思能力就意味着没有行为能力。按照代理的规定，法人成员实施行为产生的效果由法人承受。[2] 二是机关说。该说基于"法人实在说"认为，法人有团体意志或组织意志，法人因此具备行为能力。法人的意志是由法人机关实现的，[3] 法人以法人机关的行为作为法人自身的行为。法人成员属于法人机关，而不是法人的代理人，其职务行为就是法人本身的行为。[4] 这种主张的理由在于，承认法人拥有权利能力，就意味着法人有独立人格。既然团体具有独立人格，那么任何个人的意志就都不是团体的意志，任何个人意志的总和也不是团体的意志，虽然在某些团体人格中，团体的意志是从其成员的意志逐渐发展

---

[1] 江平主编：《法人制度论》，中国政法大学出版社1994年版，第28页。
[2] ［德］博伊庭：《德国公司法中的代表理论》，载梁慧星主编：《民商法论丛》（第13卷），法律出版社2000年版，第535页。
[3] 江平主编：《法人制度论》，中国政法大学出版社1994年版，第29页。
[4] ［德］博伊庭：《德国公司法中的代表理论》，梁慧星主编：《民商法论丛》（第13卷），法律出版社2000年版，第534页。

演变而来的。① 与团体人格有关的主体意志问题,有两种不同的情况:一是法人设立时的主体意思,这是指法人是以设立人的意志而设立的;二是法人设立后的主体意志,这是指法人有没有自己独立的意志。② 法人行为能力要回应的正是第二个问题。法律仅能适用于那些了解目的的自觉意志,而正是目的限定自觉意志。之所以只有个人才能成为法律主体,是因为只有个人才掌握了解自己目的的自觉意志。因此,只有自觉和能支配自己行为的个人才是法律的主体。③《民法典》第 57 条规定明确承认了法人实在说,而基于法人实在说而生的机关说就是关于法人行为能力的当然之选。承认机关说就意味着,承认法人有自身的独立意志。既然法人拥有独立意志,那么法人当然享有民事行为能力。

法人的民事行为能力关系着法人如何行为。由于法律只是承认特定的人的联合和目的财产(社团性法人和机构性法人)有权利能力,从而也就在很大程度上丧失了对权利能力和行为能力进行区分的必要。换句话说,如果承认某构造具有权利能力,那么它一定也具有行为能力。④ 德国和我国学者归于法人行为能力项下的内容,主要是何类自然人、基于多大的权限、在何种范围内、通过何种法律机制,将其行事的法律效果归属于法人。⑤ 因此,

---

① 江平主编:《法人制度论》,中国政法大学出版社 1994 年版,第 29 页。
② 江平主编:《法人制度论》,中国政法大学出版社 1994 年版,第 28 页。
③ [法] 狄骥:《宪法论》(第 1 卷),钱克新译,商务印书馆 1959 年版,第 324 页。
④ [瑞] 贝蒂娜·许莉蔓-高朴、耶尔格·施密特:《瑞士民法:基本原则与人法》,纪海龙译,中国政法大学出版社 2015 年版,第 382 页。
⑤ 冯珏:《自然人与法人的权利能力——对于法人本质特征的追问》,载《中外法学》2021 年第 2 期。

第十二章　法人：生死看淡，不服就干

法人面对的主要问题就是如何独立于作为其成员的自然人。最能体现法人独立性的是法人拥有不同于其成员的意志。当法人拥有了独立于自然人的意志，就毫无疑问地获得了自由，取得了与作为其模板的自然人相同的法律地位，能够形成和表达专属于法人自身的意愿。民法主要通过决议制度来解决这个问题。

法人民事行为能力不同于自然人的特点主要在于：第一，法人的民事行为能力与民事权利能力在时间上是一致的。自然人的民事行为能力随着年龄和智力状况的发展变化而变化。第二，法人的民事行为能力和民事权利能力在范围上是一致的。自然人的民事权利能力和行为能力在范围上存在差异。第三，法人的民事行为能力以其不同于单个自然人意思的团体意思为前提。[1] 自然人的内心想法他人不得而知，只能通过其实施的行为来推测。而法人的主观意志可以通过其议事规则、章程等客观载体向他人呈现出来。

法人目的范围，或者业务范围、经营范围，会在不同程度上限制法人的民事能力。对此，有四种不同的观点。一是权利能力限制说。该说认为，法人目的范围对于法人活动的限制是对于法人权利能力的限制。[2] 二是行为能力限制说。该说认为，法人的权利能力仅受其性质及法律、法规限制。从保护交易安全出发，对法人经营范围的限制是对法人行为能力的限制。[3] 三是代表权

---

[1] 王利明：《民法总则研究》（第3版），中国人民大学出版社2018年版，第287－288页。
[2] 刘定华、屈茂辉主编：《民法学》，湖南人民出版社2001年版，第123页。
[3] 朱广新：《法定代表人的越权代表行为》，载《中外法学》2012年第3期。

限制说。该说认为，法人目的是法人机关对外代表权的范围。法人目的之外的行为属于越权代表，因而无效，但有存在依代理规则予以追认的可能性。[1] 四是内部责任说。该说认为，法人目的是决定法人机关在法人内部的责任。法人的目的外行为当然有效。[2] 立法基于法人目的和性质的不同，对法人的民事能力进行限制。机关法人的职能是在法律法规授权的范围内行使国家公权力。因此，机关法人的目的限制其民事活动范围，也就是限制了机关法人的权利能力和行为能力。营利法人的经营范围不是对其权利能力的限制，而仅仅限制其行为能力。理由在于，一方面，营利法人应当具备广泛的行为自由，以便从事交易活动；另一方面，营利法人相对人对于营利法人的合理信赖也应当得到必要的保护。[3]

法人的类型

德国法将法人分为公法人和私法人。公法人依据国家公权力行为而成立，私法人依据私法的设立行为（设立契约或者捐助行为）而成立。公法人分为社团、机构与财团，另有部分公法人兼具社团与机构的混合因素；私法人则只包括社团与财团两类。[4] 也有德国学者认为，私法上的法人包括社团、财团以及其不同的

---

[1] 梁慧星：《民法总论》（第5版），法律出版社2017年版，第129页。
[2] [日] 北川善太郎：《民法总则》，有斐阁1993年版，第71页。
[3] 王利明：《民法总则研究》（第3版），中国人民大学出版社2018年版，第289—290页。
[4] 朱庆育：《民法总论》（第2版），北京大学出版社2016年版，第427—429页。

第十二章　法人：生死看淡，不服就干

合伙。[①] 德国民法将法人看作被法律规定认可为独立法律主体的人的团体或财产的集合。[②] 在此基础上，德国民法确定的法人类型有两种：社团法人和财团法人。这种分类方式可以简单地理解为，法人要么由一群人组成，要么由一笔钱组成。

我国民法对于法人的分类与此不同。在《民法总则》颁布之前，按照《民法通则》第三章对法人的规定，法人被分为两大类：企业法人和非企业法人。其中，具有营利性质的经济组织主要通过提供商品和服务等方式从事经营性活动，被称为企业法人；而机关法人、事业单位法人和社会团体法人开展的业务不以追求营利为目的，是非营利性的组织，在学理上被统称为非企业法人。在《民法总则》制定的过程中，对于法人分类形成两种模式："营利法人和非营利法人"的分类模式与"社团法人和财团法人"的分类模式。"营利法人和非营利法人"的分类模式立足法人的目的不同，着眼于法人社会功能的发挥和实现，依此对两类法人由于目的和功能的不同而导致的产权结构、设立原则等方面分别进行规范；"社团法人和财团法人"的分类模式立足于法人的成立基础，关注法人内部制度结构的差异，依此出发实现对法人行为规则的确立。[③] 按照我国立法传统和实践，在"社团法人和财团法人"的分类模式下，难以给机关法人和事业单位法人提供适当的

[①] ［德］汉斯·布洛克斯、沃尔夫·迪特里希·瓦尔克：《德国民法总论》（第33版），张艳译，中国人民大学出版社2014年版，第432页。

[②] ［德］汉斯·布洛克斯、沃尔夫·迪特里希·瓦尔克：《德国民法总论》（第33版），张艳译，中国人民大学出版社2014年版，第432页。

[③] 张新宝：《从〈民法通则〉到〈民法总则〉：基于功能主义的法人分类》，载《比较法研究》2017年第4期。

定位，而且在《公司法》规定的"一人公司"也难以被社团概念涵盖。① 立法者最终放弃了"社团法人和财团法人"的分类模式。

我国《民法典》将法人分为营利法人、非营利法人和特别法人。这种类型化的方式是我国法人制度中最重要的突破和创新，从现有的国情出发，基于功能主义的"营利法人与非营利法人"分类方式是更为适合我们的。② 在这个类型化框架之下，营利法人是指以取得利润并分配给股东等出资人为目的成立的法人。③ 营利法人按照组织形式可以分为公司法人和非公司法人。④ 公司法人主要包括有限责任公司和股份有限公司。有限责任公司，是指股东以其认缴的出资额为限对公司承担责任的公司。股份有限公司，是指股东以其认购的股份为限对公司承担责任的公司。非公司法人主要包括全民所有制企业、集体所有制企业和三资企业（中外合资经营企业、中外合作经营企业和外商独资企业）。非营利法人是指为公益目的或者其他非营利目的而成立，不向出资人、设立人或者会员分配所取得利润的法人。非营利法人包括事业单位法人、社会团体法人、基金会、社会服务机构。非营利法人的特征在于，第一，基于社会公益目的或者其他非营利目的而设立。第二，不向出资人、设立人或者会员分配利润。第三，组织机构的设置有特殊性。第四，终止后剩余财产的分配有特殊性。区分营利法人和非营利法人的标准有两种观点。一是单一标准说。该

---

① 梁慧星：《民法总论》（第5版），法律出版社2017年版，第126页。
② 赵旭东：《民法总则草案中法人分类体系的突破与创新》，载《中国人大》2016年第14期。
③ 王利明：《民法总则研究》（第3版），中国人民大学出版社2018年版，第306页。
④ 王利明：《民法总则研究》（第3版），中国人民大学出版社2018年版，第308页。

第十二章 法人：生死看淡，不服就干

说认为，应当以是否向出资人、设立人或者会员分配利润作为区分营利法人和非营利法人的标准。[1] 二是双重标准说。该说认为，区分标准包括，成立目的是否为公益目的或者其他非营利目的；是否向出资人、设立人或者会员分配所取得的利润。[2] 从《民法典》第87条的规定看，立法者采纳了双重标准说。

特别法人，是我国民法上营利法人和非营利法人之外的一类法人，是我国民法所独创。根据《民法典》第96条，特别法人包括机关法人、农村集体经济组织法人、城镇农村的合作经济组织法人、基层群众性自治组织法人。特别法人的意义在于，一方面就营利法人和非营利法人之外的重要法人类型作出规定，明确这些组织的民事主体地位，以便利其从事民事活动；另一方面，通过特别法人的规定，有利于在具体法律关系中准确认定国家机关、基层自治组织的法律地位，从而沟通民法与其他部门法之间的关系。[3]《民法典》第96条中的列举是封闭式的。也就是说，我国民法上的特别法人就这4种。机关法人，是指依照法律和行政命令组建的，享有公权力并以从事国家管理活动为主的各级国家机关。[4] 农村集体经济组织法人，是指利用农村集体的土地或其他财产，从事农业经营等活动的组织。[5] 合作经济组织法人，又称合作社法人，是指劳动者在互助基础上，自筹资金，共同经营、

---

[1] 税兵：《非营利法人解释》，载《法学研究》2007年第5期。
[2] 陈甦主编：《民法总则评注》（上册），法律出版社2017年版，第634—635页。
[3] 王利明：《民法总则研究》（第3版），中国人民大学出版社2018年版，第354页。
[4] 王利明：《民法总则研究》（第3版），中国人民大学出版社2018年版，第357页。
[5] 王利明：《民法总则研究》（第3版），中国人民大学出版社2018年版，第361页。

共同劳动并分享收益的经济组织。① 基层群众性自治组织法人，就是居民委员会和村民委员会。居民委员会，简称居委会，是指居民自我管理、自我教育、自我服务的基层群众性自治组织。村民委员会，简称村委会，是指村民自我管理、自我教育、自我服务的基层群众性自治组织，实行民主选举、民主决策、民主管理、民主监督。②

对于法人的类型可以按照下面这个图，做一个简单粗暴的理解。法人按照各自的目标不同可以分成三种：为了赚钱的、为了花钱的和为了大伙儿的。为了赚钱的法人就是营利法人，为了花钱的法人就是非营利法人，为了大伙儿的法人就是特别法人。法人为了赚钱可以采用两种形式，一种形式是搞个公司，另一种形式是不搞公司。搞个公司赚钱的法人叫作公司法人，有两种：有限责任公司和股份有限公司。不搞公司赚钱的法人叫非公司法人，这种法人全是企业，有三种：全民所有制企业、集体所有制企业和三资企业。其中，三资企业又有三种：中外合资经营企业、中外合作经营企业和外商独资企业。法人为了花钱可以采用四种形式：事业单位、社会团体、基金会和社会服务机构。这四种法人干啥都行，就是不能挣钱。最后一种法人是为了大伙儿的，具体包括机关法人、农村集体经济组织法人、城镇农村的合作经济组织法人和基层群众性自治组织法人。

---

① 王利明：《民法总则研究》（第3版），中国人民大学出版社2018年版，第363页。
② 王利明：《民法总则研究》（第3版），中国人民大学出版社2018年版，第366页。

第十二章 法人：生死看淡，不服就干

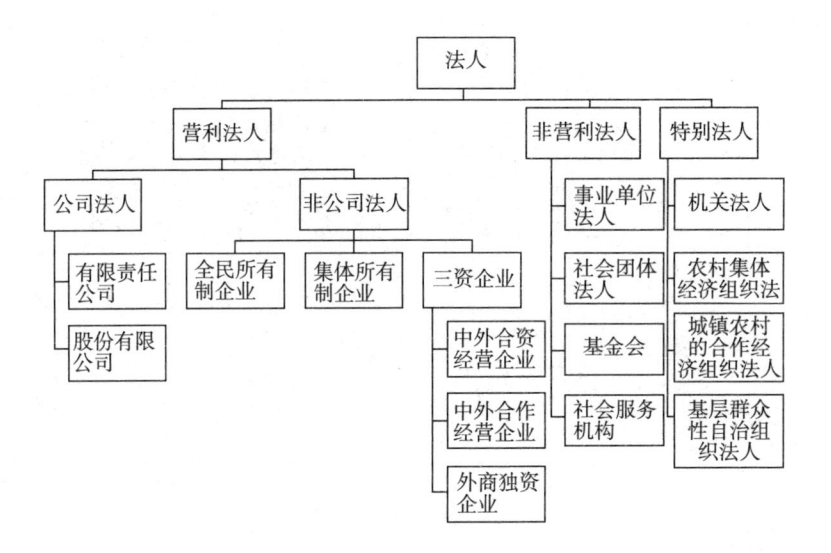

```
                           法人
            ┌───────────────┼───────────────┐
         营利法人         非营利法人        特别法人
       ┌────┴────┐      ┌────┤          ┌────┤
    公司法人  非公司法人  事业单位法人    机关法人
    ┌──┤   ┌───┼───┐   社会团体法人    农村集体经济组织法
 有限责任 全民所有 集体所有 三资企业  基金会        城镇农村的合作经济组织法人
   公司   制企业  制企业  ┌──┤     社会服务机构    基层群众性自治组织法人
 股份有限               中外合资经营企业
   公司                 中外合作经营企业
                        外商独资企业
```

85

第十三章

非法人组织：去努力，剩下的交给时间

非法人组织和法人一样都是组织体，都有自己的想法，产生自己的想法都靠开会。《民法总则》颁布之前，民法上的主体只有两种：自然人和法人；《民法总则》颁布之后，民法上的主体变成了三种，包括自然人、法人和非法人组织。非法人组织就是那个"新来"的。既然是"新人"，自然有"新人"的特点，那就是没钱。

非法人组织的含义

非法人组织是不具有法人资格，但是能够依法以自己的名义从事民事活动的组织。从非法人组织的含义上，我们就不难看出，非法人组织基本上主要负责做事情。至于事情做得怎样、结果如何、是赔是赚，和非法人组织的关系不大。

1986年制定的《民法通则》只规定了两种民事主体，自然人和法人。非法人组织被分别纳入自然人或法人的章节予以规范，在规定公民（自然人）的第二章增设第五节"个人合伙"，在规定法人的第三章增设第五节"联营"。立法上没有规定非法人组织，

第十三章 非法人组织：去努力，剩下的交给时间

意味着非法人组织的民事主体地位尚未得到立法承认。这让个人独资企业、合伙企业、律师事务所、会计师事务所、各类协会等组织的地位很尴尬。虽然它们能够以自己的名义实施法律行为、成为诉讼当事人。但是，它们都是组织体，显然不同于自然人；它们不能独立承担责任，显然与法人不同。

2017年颁布的《民法总则》规定了三种民事主体，自然人、法人和非法人组织。非法人组织的民事主体地位从此得到立法承认。在《民法总则》制定的过程中，如何给民法上的第三种主体命名引起了不小的争议。非法人组织是概称，针对不具有独立法人资格或未履行法人登记程序而成立，以组织体名义开展民事活动的各种组织。《德国民法典》第54条将此类组织称为"无权利能力社团"；《日本民法典》第35条将其称为"非社团法人""非财团法人"；英美法系国家或地区立法有时将其称为"非法人社团""非法人团体"。我国台湾地区学理上将其称为"非法人团体"；我国大陆立法上一般将其称为"其他组织""其他单位"，学理上一般将其称为"非法人组织""非法人团体""非法人社团"等。一种观点认为，既有立法使用的"其他组织"一词没有确定内涵和外延，不是一个严谨、科学的法律概念，应以"非法人团体"或"非法人组织"等术语替代。[①] 另一种观点认为，"其他组织"这一概念不仅在《合同法》《担保法》《民事诉讼法》等民事法律规范中得到广泛应用，而且在商法、经济法、行政法、宪法

---

① 李永军：《我国未来民法典中主体制度的设计思考》，载《法学论坛》2016年第2期；肖海军：《民法典编纂中的非法人组织主体定位的技术进路》，载《法学》2016年第5期。

等领域的法律规范中也被普遍使用,已成为中国特色社会主义法律体系中的一个特有概念,应当沿用"其他组织"这一术语。①立法机关认为,其他法律中使用的"其他组织"的内涵和外延并非完全一致,不宜继续沿用;第三类民事主体和法人一样属于自然人之外的组织体,且不具有法人资格,用"非法人组织"能够准确体现其特征,最终采纳了前一种观点。②

非法人组织有四个方面的特征,必须依法设立;能够独立活动;享有自己财产;成员承担无限责任。③

第一,非法人组织必须依法设立。所谓依法,就是说非法人组织应当依据法律规定的条件和程序设立。《民法典》第103条要求非法人组织应当依照法律的规定登记。如果法律、行政法规规定,设立非法人组织须经有关机关批准的,设立非法人组织还要经过批准。这就让非法人组织与未经登记设立的合伙、设立中的法人区别开来。简单地说,非法人组织的产生必然需要履行法定程序。

第二,非法人组织能够以自己的名义从事民事活动。非法人组织虽然不是法人,但是依旧是一个组织,而不是民事主体的松散集合。这就意味着,非法人组织享有自己的民事权利能力和民事行为能力。那么,非法人组织就能够以自己的名义,按照自己的意志从事民事活动,并且享有民事权利、承担民事义务。简单地说,非法人组织能够做自己想做的事情。

---

① 谭启平:《中国民法典法人分类和非法人组织的立法构建》,载《现代法学》2017年第1期。
② 李适时主编:《中华人民共和国民法总则释义》,法律出版社2017年版,第325页。
③ 王利明、杨立新、王轶、程啸:《民法学》(第6版)(上册),法律出版社2020年版,第142—143页。

第十三章 非法人组织：去努力，剩下的交给时间

第三，非法人组织可以享有自己的财产。《合伙企业法》第 20 条规定，合伙人的出资、以合伙企业名义取得的收益和依法取得的其他财产，均为合伙企业的财产。《民法典》第 104 条规定，非法人组织的财产不足以清偿债务的，其出资人或者设立人承担无限责任。把这两条连起来读就不难看出，非法人组织能够拥有自己的财产并以其承担责任。只不过在非法人组织财产不足以清偿债务的时候，其出资人或设立人需要承担无限责任。简单地说，非法人组织可以有钱。

第四，非法人组织的成员承担无限责任。非法人组织能够承担民事责任，但是与法人能够独立承担民事责任不同，非法人组织对民事责任的承担不是独立的。也就是说，非法人组织的财产不足以清偿债务的时候，其出资人或者设立人需要对非法人组织的债务承担无限责任。

我们来复习一下与非法人组织不同的法人。非法人组织与法人之间的区别体现在以下三方面。[1] 第一，是否具有独立财产。非法人组织可以有自己的财产，但其财产实质上是由非法人组织的成员共有；法人则具有独立的财产，法人的财产与法人成员的个人财产泾渭分明。第二，是否独立承担责任。非法人组织不能独立承担责任，其成员以个人财产承担无限责任；法人能够独立承担责任，其成员以出资为限承担有限责任。第三，是否混同成员人格。非法人组织如果有法定代表人，由法定代表人代表团体

---

[1] 王利明、杨立新、王轶、程啸：《民法学》（第 6 版）（上册），法律出版社 2020 年版，第 144 页。

从事民事活动；如果没有法定代表人，其成员均可以代表团体从事民事活动。法人的成员则有可能完全不参与法人的民事活动。

引起争议的问题是，非法人组织与法人的分支机构之间是啥关系。关于这个问题的讨论挺激烈。否定说认为，法人分支机构既不是法人，也不是自然人，在法律上不存在独立的民事主体资格。[1] 肯定说则认为，法人分支机构可以被称为较为具体的民事主体，在授权范围内从事民事活动。[2] 有学者因此进一步认为，法人分支机构可以被当作其他组织的一种，具有民事主体地位。[3] 从《民法总则》第74条第2款的规定上看，立法者部分采纳了肯定说的观点。[4] 法人分支机构可以自己的名义开展民事活动，但民事责任最终归属于法人。这样的规范立场当然可以得出这样的结论，立法者否认了法人分支机构具有法人资格，但承认法人分支机构的民事主体地位。法人分支机构不是法人，显然也不是自然人，但又属于民事主体。它还能是什么呢？答案显而易见。

聊到这里，我们大致上可以看出，非法人组织作为第三种民事主体类型，是一种很有个性的民事主体。

非法人组织的民事权利能力

有了自己的名称，接下来要确定的就是非法人组织的民事权利能力。非法人组织属于社会组织的范畴，其以组织体名义参与民事活动、缔结民事关系，本质上所涉及的是组织体的民事主体

---

[1] 甘培忠：《企业与公司法学》（第6版），北京大学出版社2012年版，第320页。
[2] 江平主编：《法人制度论》，中国政法大学出版社1994年版，第110页。
[3] 施天涛：《公司法论》（第3版），法律出版社2014年版，第83页。
[4] 陈甦主编：《民法总则评注》（上册），法律出版社2017年版，第497页。

第十三章 非法人组织：去努力，剩下的交给时间

资格问题。[①] 非法人组织作为民法上的一种民事主体，基于逻辑上的推演，似乎可以得出非法人组织当然享有民事权利能力的结论。对此，存在的疑问在于，作为非法人组织的团体取得民事权利能力是否以拥有独立财产为必要。民事主体只要存在，就要面对责任如何承担的问题。民事责任的承担必然离不开财产能力，说白了就是要么有钱，要么将来会有钱。与之相对应，法人就是那种有钱的，自然人就是那种有钱或者将来会有钱的。那么，非法人组织呢？你说它没钱吧，它也许多多少少有些财产；你说它有钱吧，它要是真摊上大事儿自己又兜不住。至于它将来会不会变得有钱，又确实难说。这就让人很犯难。对这个问题，学说上有多数说和少数说的区分。持少数说的学者主张，团体只有独立承担财产责任才能取得权利能力成为民事主体，否则只具有"形式上的民事主体资格"。[②] 持多数说的学者主张，团体取得权利能力与独立的责任财产无关。[③] 少数说与多数说之间核心的争议在于，独立的财产责任能力与民事主体资格之间的关系。到底是由于取得了民事主体资格才拥有了独立的财产责任能力，还是由于具备了独立的财产责任能力才取得了民事主体资格。简单来说，就是"没钱能不能做人"的问题。少数说的担心并不多余，毕竟

[①] 肖海军：《民法典编纂中的非法人组织主体定位的技术进路》，载《法学》2016年第5期。

[②] 尹田：《论非法人团体的法律地位》，载《现代法学》2003年第5期。

[③] 虞政平：《法人独立责任质疑》，载《中国法学》2001年第1期；柳经纬：《民法典编纂中的法人制度重构——以法人责任为核心》，载《法学》2015年第5期；薛军：《法人人格权的基本理论问题探析》，载《法律科学》2004年第1期；李锡鹤：《论法人的本质》，载《法学》1997年第2期。

民事责任的承担是以财产为基础的。民事主体拥有主体资格，却不能承担财产上的责任，当然是徒有其表。而多数说所回应的，显然不仅仅是这个"能不能"的问题。

财产能力与民事主体资格之间是否存在必然联系？换个提问的方式就变成了，没钱能不能做人？答案显而易见。能够独立承担财产责任的法人具备民事主体资格已无疑义，如果不能独立承担财产责任的非法人组织也具备民事主体资格，那么财产能力与民事主体资格的联系就可以在逻辑上被彻底切断。从法人本质无关独立财产、团体人格与团体财产的切割与法律实证主义的立场看，法人的独立财产责任完全是立法者塑造出来的结果，而非必要条件。基于这样的原因，《民法总则》第58条删除了《民法通则》第37条将独立责任作为法人设立条件的做法。独立财产责任既不是法人取得权利能力的条件，也不是法人以外的团体取得权利能力的障碍。[①] 所以说，"有钱没钱，都能做人"。

非法人组织的类型

非法人组织的类型并没有采用营利性作为类型化的标准。也就是说，是否以营利为目标并没有被用来作为划分非法人组织类型的依据。这种做法体现了一种中性的商法营利性思维模式。非法人组织的设计目的究竟是营利或公益，乃至是否将利润向出资人、设立人等分配，以及组织机构的安排，均是自治的范畴。[②]

[①] 张其鉴：《民法总则中非法人组织权利能力之证成》，载《法学研究》2018年第2期。

[②] 傅穹：《商法营利性思维与民事主体制度》，载《南京大学学报（哲学·人文科学·社会科学版）》2017年第3期。

第十三章 非法人组织：去努力，剩下的交给时间

按照《民法典》第 102 条第 2 款的规定，非法人组织包括个人独资企业、合伙企业、不具有法人资格的专业服务机构等。因此，非法人组织的类型主要有四种，个人独资企业、合伙企业、不具有法人资格的专业服务机构，其他非法人组织。我们一个一个聊。

个人独资企业，是指在中国境内设立，由一个自然人投资，财产为投资人个人所有，投资人以其个人财产对企业债务承担无限责任的经营实体。个人独资企业也叫商自然人。个人独资企业有四个特点。[①] 第一，个人独资企业的投资者仅有一人，且该人是自然人。自然人和法人都可以作为单独出资人设立新的民事主体。自然人单独出资可以设立个人独资企业或者一人有限责任公司（简称一人公司）；法人单独出资只能设立一人公司。个人独资企业和一人公司的区别就是非法人组织和法人的区别。第二，个人独资企业投资者的个人财产与企业财产没有分离。投资人享有企业财产的所有权，相关权利可以转让和继承。如果投资者以家庭共有财产投资，企业财产属于家庭共有。第三，个人独资企业的所有权和经营权合一。投资人可以自己管理企业事务，也可以将其委托他人。第四，个人独资企业的投资者对企业债务承担无限责任。

合伙，是指两个或两个以上的自然人或法人，根据合伙协议而共同出资、共同经营、共享收益、共担风险的营利性组织。合伙人对外承担责任的方式有两种，无限连带责任和有限责任。与

[①] 王利明、杨立新、王轶、程啸：《民法学》（第 6 版）（上册），法律出版社 2020 年版，第 145 页。

之相应，合伙企业也有两种，一是普通合伙企业，二是有限合伙企业。普通合伙企业由普通合伙人组成，只要没有法律特别规定，全体普通合伙人应当对合伙企业的债务承担无限连带责任。有限合伙企业由普通合伙人和有限合伙人组成，普通合伙人对合伙企业债务承担无限连带责任，有限合伙人以其认缴出资额为限对合伙企业债务承担有限责任。合伙涉及的法律关系可以从两个角度来看，一是内部关系，存在于合伙人之间；二是外部关系，存在于合伙与其他民事主体之间。合伙内部关系产生于合伙协议。一般来说，合伙的内部关系是约出来的，合伙人之间达成一个协议，确定他们之间的权利义务关系，与外人无涉。合伙外部关系是作为一个民事主体的合伙与其他民事主体之间形成的法律关系。一般来说，合伙外部关系可以来自约定，也可以基于法定。从合伙人的角度来看，合伙的外部关系与其切身利益息息相关；从合伙相对人的角度来看，合伙人之间的内部关系对于其权利的享有和义务的承担并无实质性影响，仅在发生责任的时候才有程序上的意义。将合伙所涉及的法律关系区分为内部关系和外部关系的意义也在于此。

不具有法人资格的专业服务机构，是指专门提供专业服务的非法人组织。典型的不具有法人资格的专业服务机构主要是指律师事务所和会计师事务所。不具有法人资格的专业服务机构有三个特点。第一，设立规则的特殊性。一般来说，非法人组织需要登记，不需要经过批准。但是，律师事务所和会计师事务所的设立需要经过批准。第二，业务范围的特殊性。不具有法人资格的专业服务机构以提供专业服务为内容，主要有具备专业知识和专

第十三章 非法人组织：去努力，剩下的交给时间

门技能的专业技术人员为客户提供服务。第三，责任承担的特殊性。一般情况下，不具有法人资格的专业服务机构和非法人组织一样，由其成员对其债务承担无限连带责任。但是，在特殊情况下，并不是所有成员均需对不具有法人资格的专业服务机构的债务承担无限连带责任。例如，律师违法执业或者因过错给当事人造成损失的，由其所在的律师事务所承担赔偿责任。律师事务所赔偿后，可以向有故意或者重大过失行为的律师追偿。可见，在这种情况下，律师事务所的其他成员不需要对有过错的律师给他人造成的损害承担责任。

除了个人独资企业、合伙企业和不具有法人资格的专业服务机构之外，非法人组织还有其他类型。其他非法人组织主要是指法人的分支机构。法人的分支机构有两种，一是分支机构以自己的名义从事民事活动，产生的民事责任由法人承担；二是分支机构先以其管理的财产承担责任，不足以承担的，再由其所属法人承担。后者显然符合非法人组织的特征。

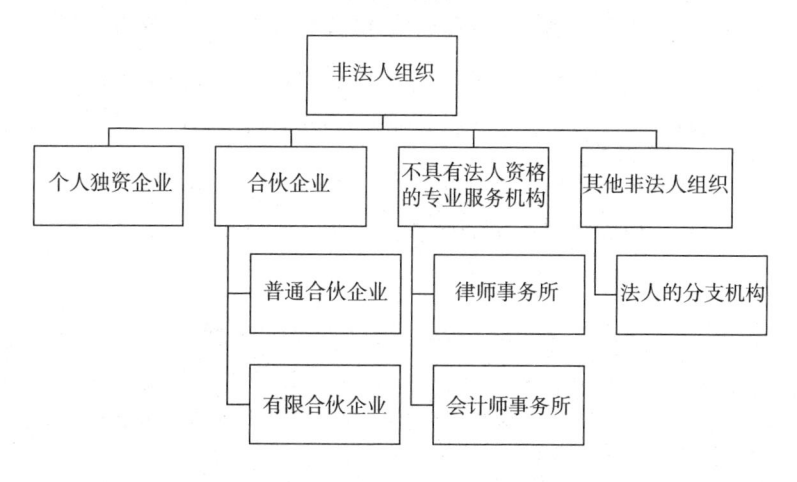

```
                    非法人组织
        ┌──────────┬──────────┬──────────┐
   个人独资企业  合伙企业  不具有法人资格  其他非法人组织
                            的专业服务机构
                  ┌──┐        ┌──┐        ┌──┐
              普通合伙企业  律师事务所   法人的分支机构
              有限合伙企业  会计师事务所
```

95

非法人组织的设立

非法人组织的设立要解决的是非法人组织从无到有的问题，也就是团体人格的取得。团体人格的取得奉行法定原则。其一，在我国现行法上，团体人格法定原则不仅适用于法人，也适用于非法人组织。法人的分支机构、合伙企业、个人独资企业等独立性组织及其分支机构，都被纳入团体人格法定原则的范畴。未经登记或批准设立的组织不仅其权利主体资格不被法律确认，而且其诉讼主体资格也不被法律确认。其二，现行法对不同类型的组织采取了不同的态度。为了发展市场经济，鼓励投资，法律对市场类法人（企业法人、合作社法人）和市场主体类"非法人组织"（合伙企业、个人独资企业）实行准则主义，除了法律特别规定需预先获得许可外，只要符合法定的条件，即可获准登记。对民间组织类法人（社会团体法人、民办非企业单位法人）和民间组织类"非法人组织"（如合伙型和个体型民办非企业单位），则采取许可主义，实行"双重管理体制"，即这类组织需预先得到业务主管单位的批准（即许可主义），方可向登记管理机关申请登记，并同时接受业务主管单位和登记管理机关的监督管理。①

非法人组织的设立方式有两种，一是登记，二是审批。

非法人组织的设立需要登记。按照《民法典》第103条第1款的规定，非法人组织的设立原则上均需登记。原因在于，一方面，非法人组织类型较多，登记设立有利于实施管理；另一方面，

---

① 柳经纬、亓琳：《比较法视野下的非法人组织主体地位问题》，载《暨南学报（哲学社会科学版）》2017年第4期。

第十三章 非法人组织：去努力，剩下的交给时间

非法人组织登记设立有利于民事活动的相对人了解非法人组织的资格和交易能力，从而维护交易安全。根据《合伙企业法》第9条第1款和《个人独资企业法》第9条第1款的规定，设立合伙企业和个人独资企业应当向登记机关申请登记。

部分非法人组织的设立需要审批。非法人组织的设立存在需要审批的情形具体而言包括两种情形，一是设立律师事务所和会计师事务所需经过批准，二是合伙企业的经营范围如果属于应当批准的范畴的，那么合伙企业的设立应当经过批准。登记和批准的区别在于，登记主要的功能在于公示，即通过登记将非法人组织的主体资格状况公之于众，从而降低交易相对人的识别成本，维护交易安全；批准的主要功能则是满足社会管理的需要。简单地说，登记是为了让其他民事主体知道非法人组织的存在；批准是为了让社会管理者知道非法人组织的存在。

非法人组织在设立之后，就可以出来活动了。非法人组织毕竟是个组织，既然是个组织，就需要一个能够代表这个组织的人。我们称之为非法人组织的代表人。非法人组织的代表人是代表非法人组织从事民事活动的人。非法人组织确定代表人的意义在于，一方面，非法人组织确定代表人便于非法人组织以自己的名义开展活动；另一方面，非法人组织确定代表人便于第三人识别和确认自己从事民事活动的对象，从而维护交易安全。非法人组织的代表人需要承担的义务主要有，第一，勤勉义务。也就是说，非法人组织的代表人要勤勤恳恳地工作，维护和实现非法人组织的权益。第二，忠实义务。也就是说，非法人组织的代表人要老老实实地工作，为保护非法人组织的权益负起责任来。第三，报告

义务。也就是说，非法人组织的代表人要严谨慎重地工作，及时将非法人组织的相关事项报告给非法人组织的出资人。

非法人组织的财产责任

非法人组织的财产责任，是指非法人组织对其代表人的行为承担后果。[①] 可以自己的名义从事民事活动，意味着非法人组织具备完整的民事行为能力。因此，在权利能力和行为能力上，非法人组织和法人之间已经没有实质性的差别。二者的关键区别就在于非法人组织的财产、意志等并没有与组织的成员或者设立人完全分离，不具有像法人一般的独立性，不具备独立完全的民事责任能力。[②] 也就是说，非法人组织可以按照自己的意志做事，却又不用完整地承担与之相应的责任。

既然非法人组织的责任很有可能需要由非法人组织的出资人或者设立人来承担，那么清偿规则就非常关键了。《民法典》第104条为非法人组织设定了清偿债务的规则。该规则具体包含两层含义。一是应当首先以非法人组织的财产清偿债务。也就是说，非法人组织有自己的财产的，都应当以自己的财产承担责任。二是非法人组织的财产不足以清偿债务的，则应由其出资人或者设立人承担无限责任。也就是说，非法人组织的出资人或者设立人要以其个人全部财产对非法人组织的债务承担责任。

既然非法人组织的出资人和设立人要承担无限责任。那么，责任的性质和范畴就应当明确下来。毕竟，在民法上并不鼓励无

---

① 王利明、杨立新、王轶、程啸：《民法学》（第6版）（上册），法律出版社2020年版，第149页。

② 陈甦主编：《民法总则评注》（上册），法律出版社2017年版，第728页。

第十三章 非法人组织：去努力，剩下的交给时间

条件地为他人背锅这种事。非法人组织的出资人或设立人的无限责任有两个特点。第一，这种责任在性质上属于法定责任。既然是法定责任，就意味着对于这种责任当事人不能以约定排除，即便当事人做了这样的约定，也仅具有对内效力，对于债权人没有法律意义。第二，这种责任在范围上属于对外责任。既然是对外责任，就意味着这种责任是非法人组织对债权人的责任，但这也不妨碍设立人或者出资人在承担了对外责任之后，按照法律规定或者合同约定，再向其他设立人、出资人或者非法人组织的成员进行追偿。非法人组织财产责任的承担也有例外情况，主要是在有限合伙的场合，有限合伙人仅以其出资为限对合伙债务承担责任。

非法人组织的解散

非法人组织的解散，是指非法人组织章程或者法律规定的事由出现，或者基于出资人、设立人的决议，使非法人组织停止积极活动，并开始清理相关财产关系的程序。① 非法人组织解散的特殊之处有三点。第一，非法人组织解散的原因主要有，章程规定的存续期间届满或者章程规定的其他解散事由出现；出资人或者设立人决定解散；法律规定的其他情形。也就是说，非法人组织可以由于法定和约定的原因而解散。第二，解散并不导致非法人组织终止，非法人组织清算完成后才告终止。也就是说，非法人组织解散之后，其主体地位并不会马上消灭，而是要待清算完

---

① 王利明、杨立新、王轶、程啸：《民法学》（第 6 版）（上册），法律出版社 2020 年版，第 150 页。

成，非法人组织身处的各种债权债务关系全部了解之后，非法人组织才能消灭。第三，非法人组织解散后，完成清算前，民事行为能力严重受限。也就是说，非法人组织在清算过程中，只能从事与清算有关的活动。至于非法人组织清算适用的程序，如果特别法上有规定的，按照其规定；如果特别法上没有规定的，准用法人清算的一般规则。与法人终止不同的是，非法人组织终止后，除法律另有规定外，其设立人或者组织成员对未清偿的原非法人组织的债务仍应负清偿责任。只有在法律规定的时效期间届满后，设立人或者组织的成员才可取得不再清偿原非法人组织应清偿的债务的时效经过抗辩权。[①]

说过了非法人组织之后，关于民事法律关系主体的话题大致也就聊到这里了。目前，民法上的主体只有三种：自然人、法人和非法人组织。这三种类型的民事主体就是能够享有民事权利、承担民事义务的人。

[①] 郭明瑞：《民法总则中非法人组织的制度设计》，载《法学家》2016年第5期。

第十四章

民事权利：哪有什么理所当然，
不过都是要件归入

稍加留意我们就能发现，如果在某个动词后面加上"权"字，会让这个本来不那么理所当然的词儿突然之间变得理直气壮起来。比如，插队权或者放屁权。可见，权利这个词确实具有某种神奇的力量。但是，享有某项利益或者实施某种行为能否成为民事权利并取得民法保护，可不是简单加上"权"字这么简单。民事权利生成的过程是特定利益与法律之力相结合的过程。私法利益涅槃飞升，化身为私权，绝非易事。

权利的语源

权利一词创自中国，而非译自日本。[①] 按照以往的通说，权利一词始见于清末立宪和民国立法，由日本传入。日文中的权利又是来自德文的 Recht，被译为"权力利益"，略作权利。[②] 但是

[①] 李贵连：《话说"权利"》，载《北大法律评论》1998年第1期。
[②] 郭道晖：《法制现代化研究》（卷一），南京师范大学出版社1995年版，第44页；王涌：《私权的分析与建构：民法的分析法学基础》，北京大学出版社2020年版，第41页。

新的考证表明，汉语中"权利"语源的流变似乎并非如此。

汉语中"权利"一词古已有之。《荀子·劝学》曰："是故权利不能倾也，群众不能移也，天下不能荡也。生乎由是，死乎由是，夫是之谓德操。"《荀子·君道》曰："按之于声色、权利、忿怒、患险，而观其能无守也。"《史记·魏其武安侯列传·灌夫传》曰："家累数千金，食客日数十百人，陂池田园，宗族宾客为权利，横于颍川。"这里的"权利"所指都是势力和财富，与现代语境当中所指的民法上的权利无关。①

权利一词创于中国。汉语中首次在西方法律意义上使用"权利"一词始于《万国公法》的中文译本。丁韪良（William Alexander Parsons Martin）在翻译这本书的时候，用"权利"指称西方法律意义上的 right。② 这也是中国近代文献中，所能见到的最早的近代意义上的"权利"。③ 但是，丁韪良在《万国公法》中并未界定"权利"。对于"权利"的解释，出现在丁韪良的另一部译作《公法便览》当中。丁韪良在《公法便览》的"凡例"中写道，"公法既别为一科，则应有专用的字样。故原文内偶有汉文所难达之意，因之用字往往似觉勉强。即如一权字，书内不独指有司所操之权，亦指凡人理所应得之分，有时增一利字，如谓庶人本有之权利云云。此等字句，初见多不入目，屡见方知为不得已而用

---

① 王涌：《私权的分析与建构：民法的分析法学基础》，北京大学出版社 2020 年版，第 41 页。
② ［美］惠顿：《万国公法》，丁韪良译，中国政法大学出版社 2003 年版，第 11 页。
③ 李贵连：《话说"权利"》，载《北大法律评论》1998 年第 1 期。

第十四章 民事权利：哪有什么理所当然，不过都是要件归入

之也"。① 至此，"权利"二字才真正与法律发生了直接关联。② 从这个解释当中，我们不难看出，丁韪良结合汉语词汇本意在西方法律意义上使用"权利"一词，并未受到日语影响。丁韪良是美国人，字冠西，是位中国通。他的本职工作是传教士，对中国近代教育的发展有不小的影响。

"权利"一词在创于中国之后，经日本学者之手传入日本。丁韪良翻译《万国公法》的时间大致是在 1683 年中至 1864 年 4 月之间。该书于 1864 年出版，第二年就传到日本。③ 1868 年日本明治维新之后，日本除了通过中国学习西洋文化之外，还直接从荷兰、英国、法国、德国等地努力输入新文化。输入新事物及新思想的时候，日本人不使用原语，而是借用汉字创造新词汇。④ 1870 年，箕作麟祥翻译法国民法的过程中，苦于无词可用，辛苦推敲之后，才有了"动产""不动产"等词汇。但是，"权利"一词确实取自《万国公法》的中文译本无疑。⑤ 与权利一道，经箕作麟祥之手进入日语当中的法律词汇除了权利之外，还有与之相对的"义务"。⑥ 权利一词的由来大致如此。

---

① 转引自李贵连：《话说"权利"》，载《北大法律评论》1998 年第 1 期。
② 李康宁：《"权利"在中国的诞生、成长与成型——从语汇到观念和制度的历史进路》，载《甘肃政法学院学报》2014 年第 1 期。
③ 田涛：《丁韪良与〈万国公法〉》，载《社会科学研究》1999 年第 5 期。
④ [日] 实藤惠秀：《中国人留学日本史》，谭汝谦、林启彦译，生活·读书·新知三联书店 1983 年版，第 282 页。
⑤ 相关佐证参见王涌：《私权的分析与建构：民法的分析法学基础》，北京大学出版社 2020 年版，第 42 页。
⑥ 大槻文彦『箕作麟祥君伝』（丸善，1907 年）88−89 頁。

民事权利的含义

民事权利是民法的核心问题。民法的首要任务就是确认和保护民事权利，《民法典》因此被称为"民事权利宣言书"。这里所说的确认和保护，具体表现为民法对权利的正面规定和反面救济。民法对权利的正面规定就是要明确民事主体享有哪些权利；民法对权利的反面救济要明确这些权利受到侵犯，或者有受到侵犯之虞的情况下，民事主体怎样保护自己的权利。无论是正面规定还是反面保护，首先要明确的是民事权利的含义。

耶林在他的权利理论当中提出了"权利利益说"，即权利是被法律保护的利益。耶林的这个定义被认为是所有关于主观权利定义中最著名的。[1] 在这一命题之下，耶林区分了作为实质要素的"利益"和作为形式要素的"法律保护"。[2] 耶林认为，主观权利是受法律保护的利益。权利实现的目的是让主体享有物质或精神上的利益；保证利益的手段是法律保护，即诉讼。这两方面因素相互结合构成了主观权利。但是，耶林所提出的这个定义仍然不能实现逻辑上的自足。原因也很简单。按照耶林的观点，首先存在的是利益，只有当利益受到法律认可和保护之后，利益才会变成主观权利。那么问题就来了，法律是保护利益的手段或者方式，这种手段或者方式让利益这个简单事实发生了实质转变，摇身一变飞跃为主观权利了。耶林解释了这个飞跃的过程，也就是说，耶林说明权利产生的过程就是利益与法律保护相互结合的过程。

---

[1] ［法］盖斯旦：《法国民法总论》，谢汉琪等译，法律出版社2004年版，第134—135页。

[2] 顾祝轩：《民法概念史·总则》，法律出版社2014年版，第91页。

第十四章 民事权利：哪有什么理所当然，不过都是要件归入

但是，解释事物产生的过程并不意味着能够理解事物本身。这就像我们了解怀孕和分娩的过程，但是知道人如何出生并不意味着我们能够理解人本身。耶林解释了权利产生的过程，但主观权利这个概念本身依旧高深莫测。

达班在他1952年出版的《主观权利》中对这个问题提出了新的解释。达班认为，主观权利是归属—控制，归属引起并决定了控制。权利，即使受到法律的保护，也不是一种利益；它是一项利益的归属，或者更精确地说，是涉及主体且与其有利害关系的物的归属，此种归属不是由于主体享用或者能够享用物，而是由于此物本身归属于主体。归属产生的结果就是控制。控制就是主体自有处分作为权利客体的物的权利。这个解释已经很完善了，但达班并未就此打住，而是又向前推了一步。归属—控制理论能够解释主体与客体的关系，但还需要从他人的角度来观察权利，才能让这个定义变得完美，这就是"相异性条件"。主观权利只有相对于其他个体而言才存在。归属和控制意味着存在一个专属于权利人的领域，也就是权利对第三人的对抗力。这种对抗力表现为不可侵犯性和可请求性，即任何人不得侵犯主体的权利；权利主体可以要求他人尊重自己的权利。法律保护让达班的观点趋于完整。从伦理上看，归属—控制基础之上的对抗力已经能够为权利人提供一个比较完善的主观权利逻辑了，但在实体法层面看，主观权利仍然需要国家强制力的保护。由此产生的推论就是：任

何一项真正的权利都配有诉权。① 萨维尼就将民事诉讼法分为诉讼程序规范和实质诉讼法,并将实质诉讼法当作其创建的现代罗马法体系的重要组成部分。萨维尼以实体诉权理论(私法诉权说)为基础,运用动态分析方法,按照诉权与抗辩权、争讼程序(争点决定)、既判力、替代判决、权利恢复之顺序构建了实质诉讼法体系。实质诉讼法理论曾对法国法、苏联法有很大影响,又通过苏联法对我国民事诉讼法理的形成和发展产生重大影响。② 诉权因此不是简单的程序概念,而是具有重要的实体意义。在此基础上,后来的法国学者将主观权利放在社会关系中去观察,从而认为,主观权利是基于人的自由而产生的合法的不平等。主观权利变更了自由的范围,保留给主体一个排斥他人的领域,从而造成了不平等。其根源在于客观规范,权利的分配是依据法律作出的。③ 这个基于分配性公平思想所作出的推论也可以表述为主观权利乃基于客观法的规定而生。分配公平会让人当然地联想到交易公平,主观权利又有了一种特殊形态,即针对某一个人的合法权利。基于客观法规定而生的主观权利就此成为涵盖民法上各种财产权利的概念。

民事权利是利益和法力的结合。④ 权利当中不仅包含着我们

---

① [法]盖斯旦:《法国民法总论》,谢汉琪等译,法律出版社 2004 年版,第 136—137 页。
② 陈刚:《萨维尼实质诉讼法理论及其现实意义》,载《法律科学》2016 年第 6 期。
③ [法]盖斯旦:《法国民法总论》,谢汉琪等译,法律出版社 2004 年版,第 141—149 页。
④ 王利明、杨立新、王轶、程啸:《民法学》(第 6 版)(上册),法律出版社 2020 年版,第 152 页。

第十四章 民事权利：哪有什么理所当然，不过都是要件归入

的利益，还包含着能让这种利益能够实现并在受到侵犯的时候能够取得救济的力量。单纯将权利看作利益或者法律之力均不足以说明权利的本质。权利当然意味着利益，这种利益可以表现为财产的积极增加，或者消极的不减少；也可以表现为人格或者身份关系当中。财富和地位谁都想要，问题是如何取得，取得之后又如何保有。于是，法律之力就成了权利必不可少的属性。利益说揭示了民事权利的内容和目的，但没有解释此种内容的实现手段。力量说解释了权利所具有的作用，权利赋予主体一定的自由，但没有表达出权利的目的。将二者结合起来，能妥当地说明民事权利的基本属性。

民事权利的特征

作为合法利益与法律之力结合体的民事权利，有以下五个方面的特征。① 我们一个一个地说。

第一，民事权利是由民法确认的权利。民事权利自然要由民法来确认。其他部门法也会确认和保护社会主体的利益。但是，这种确认和保护的利益往往不会直接表现为民事权利。这其中首先要明确的就是私权和公权的区别。私权与公权的区别在于：其一，法律依据不同。公权由公法规定；私权由私法规定。其二，义务主体不同。私权的义务主体是特定或不特定的民事主体；公权虽然从形式上看是一种权力，但其实际上是国家规定公权力主体的一种职责。其三，权利内容和目的不同。公权往往表现为要

---

① 王利明、杨立新、王轶、程啸：《民法学》（第 6 版）（上册），法律出版社 2020 年版，第 152—154 页。

求国家机关为或不为一定行为；私权是对抗他人侵犯的权利。其四，救济途径不同。民法所确认和保护的不仅有民事权利，还包括合法利益。有一些利益民法是承认且保护的，但这些利益发展成为权利需要一个过程。例如，对"隐私"的保护。1982年颁布的《民事诉讼法（试行）》就规定了对隐私的保护。但是，隐私一直被看作合法利益，而不是一项权利。直到2009年颁布的《侵权责任法》才将隐私权纳入具体人格权当中加以保护。①

第二，民事权利是民事主体享有的利益。也就是说，民事权利一方面能够满足民事主体对于利益的需要。民事权利的设定，大多具有利益目的。也就是说，民事主体通过从事民事活动，参与民事法律关系的目的就是取得民事权利，进而享有权利所表彰的利益。没有利益，民事权利就失去了目的。②另一方面，民事权利也能够实现国家治理社会的意图。认识到权利彰显特定利益的同时，还需要注意的问题是，权利是符合国家意志的，因此必然体现一定的社会利益和价值。

第三，民事权利是民事主体行为的自由。民事权利是个人自治的外显及行为手段。③也就是说，民事主体可以在权利的范围内自由行事，放飞自我，为所欲为。具体体现在四个方面：其一，权利人是否行使权利的自由。权利行使与否，取决于权利人的意志。其二，权利人处分非专属性权利的自由。权利有专属性与非

---

① 杨立新：《个人信息：法益抑或民事权利——对〈民法总则〉第111条规定的"个人信息"之解读》，载《法学论坛》2018年第1期。
② 郑玉波：《民法总则》，中国政法大学出版社2003年版，第65页。
③ ［葡］平托：《民法总论》，林炳辉等译，澳门法律翻译办公室、澳门大学法学院1999年版，第88页。

专属性之分，前者与特定权利人不可分离，不能随意处分，例如夫妻间的身份权、因工伤而生的求偿权等；后者与权利人之间不存在不可分割的联系，可以按照权利人的意志自由处分，绝大多数的财产权都可以自由处分。其三，权利人选择权利行使方式的自由。权利的行使表现为实现其客体的使用价值或者交换价值，具体如何行使完全取决于权利人的想法。其四，权利人选择权利救济方式的自由。对于权利的救济关乎权利人的切身利益，民法为权利人救济自己受到侵害的权利提供了数种救济途径，典型的方式即违约责任和侵权责任。当两种救济途径重叠的时候，我们称之为违约责任和侵权责任的竞合，权利人可以按照自己的意愿自由选择维护自身权利的方式。

第四，民事权利受到国家强制力的保障。作为特定利益与法律之力的结合，国家强制力对于权利的保障是民事权利不可忽视的特征。权利人因他人的行为而使其利益受到侵害时，还可以请求有关国家机关采取强制措施予以保护。[1] 民事权利需要能够获得民法上的救济，无救济则无权利。这里面的道理也很简单，如果权利可以任人侵犯，那么权利的存在也就没有什么意义了。

第五，民事权利是完成了类型化的利益。对于民事权利而言，类型化是民事权利得以生成并合理融入制定法体系的基础。民法强调相同事物相同对待，不同事物不同对待，类型化就是这一立场的前提。分门别类、各归其位的民事权利体系简直就是强迫症

---

[1] 魏振瀛主编：《民法》（第7版），北京大学出版社、高等教育出版社2017年版，第35页。

的福音，也是民法类型化应用的代表性体现。

民事权利的类型

法律要求相同事物相同处理，不同事物不同处理。[①] 做到这一点，就需要对事物进行分类。类型化的思维是民法上的一种非常古老的思维方式，民法上的很多套路都是建立在类型化的基础上的。类型化的思路要从两个角度思考问题，一是类型归入的构成要件，就是某种事物需要满足哪些条件才能被归入特定类型；二是类型归入的阻却事由，就是某种事物具备哪些特征就不能被归入特定类型。类型化思维的基础是搭建类型体系。比如，当我们尝试将人分类的时候，最简单的类型化方法可能是按性别分类。于是，我们可以将人分为男性和女性。但是，准确的类型化方式并非如此。按照性别标准，我们可以将符合男性特征的人归入男性，而将不符合男性特征的人归入非男性。因此，人包括男性和非男性。同样的，以是否符合女性特征为标准，我们可以将人分为女性和非女性。这样的类型化方式意味着，我们在完成类型化之后，既不会出现遗漏，也不会出现重叠。也就是说，不会有男性被归入非男性的类型当中，也不会有非男性被看作男性。而且也不会出现既是男性，又是非男性的人；也不会出现既不是男性，也不是非男性的人。这种类型化结论是全有全无的判断。这样做的好处在于，为接下来的规则设计打下了非常好的基础。我们可以设计一项制度要求男性为或者不为某项行为。男性违背此项规

[①] ［德］亚图·考夫曼：《类推与"事物本质"——兼论类型理论》，吴从周译，学林文化事业有限公司1999年版，第28页。

第十四章　民事权利：哪有什么理所当然，不过都是要件归入

则，就需要承担与之相应的法律后果，而非男性则完全不受此项规则的限制。类型化的意义就在于此。但是，寻找合理的类型化标准是非常困难的。就以按照性别为标准对人进行分类为例，没准儿一位热爱举铁的糙汉子心里就住着喜欢粉色泡泡裙的小公主。他虽然在生理上是男性，但是在心理上就不好说了。因此，类型化的困难在于合理设定类型化的标准，并将五花八门的社会关系分门别类，使其各归其位。当我们在遇到纠纷的时候，首先要做的就是看看这个纠纷属于哪种类型的社会关系，将其归入特定类型的社会关系之后，我们就可以很容易地找到与之相应的规则。通过对规则的适用，我们可以为纠纷的解决提供适当的方案。

权利类型体系建构的过程就是分类的过程。所谓权利分类，是根据权利的本质属性或显著特征将权利分为若干类型。权利分类基本原则有三：其一，分类必须相称，即分类所得的各个权利类型的外延总和必须等于权利的外延；其二，分类根据必须同一，即每次分类所依据的权利属性或者权利的显著特征只能有一个；其三，权利类型必须互相排斥，即各个权利类型之间是不相容的关系。[①] 按照不同的分类标准，可以对民事权利展开不同的类型化认识。具体如下图所示。

---

① 马俊驹、申海恩：《关于私权类型体系的思考——从形成权的发现出发》，载《法学评论》2007年第3期。

```
                        民事权利
         ┌──────────┬──────────┼──────────┬──────────┐
      依权利内容   依权利作用  依义务主体   依权利间    依权利成立
                              是否特定    主从关系   要件是否成就
       │           │           │           │           │
      财产权       支配权      绝对权      主权利      既得权
       │           │           │           │           │
      人身权       请求权      相对权      从权利      期待权
       │           │
     综合性权利    抗辩权
                   │
                  形成权
```

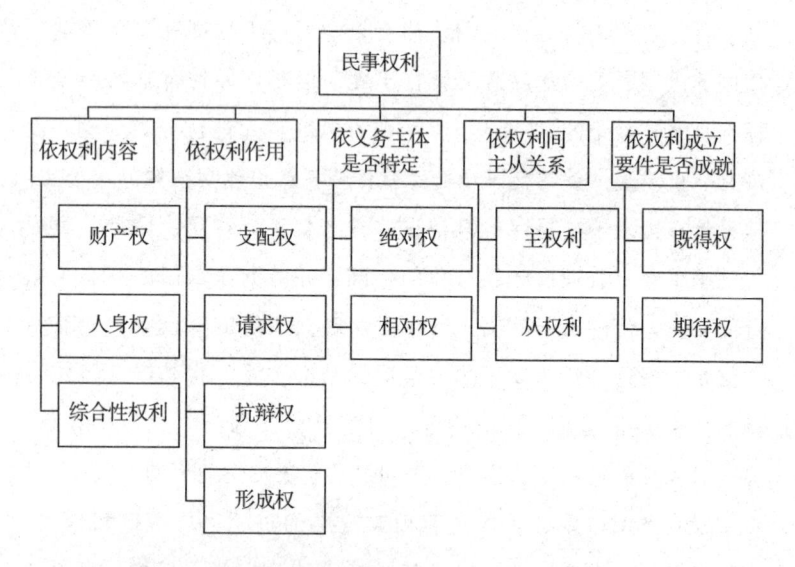

财产权、人身权和综合性权利

以民事权利的内容为分类标准,民事权利可以分为财产权、人身权和综合性权利。这种类型化方式简单粗暴,判断标准就是看权利是不是能够直接体现为财产利益。说白了,就是看是不是能用钱来衡量权利的价值。权利核心要素表现为财产利益,能用钱确定其价值的,就是财产权;权利核心要素表现为人身利益,不能用钱确定其价值的,就是人身权;权利核心要素兼具财产利益和人身利益的,就是综合性权利。

财产权,是指以财产利益为直接内容的权利,其主体限于现实地享有或可以取得财产的人,而不像人格权那样可以为一切人普遍地享有。[1] 自《民法通则》以来,我国民法采用了最广义的

---

[1] 谢怀栻:《谢怀栻法学文选》,中国法制出版社 2002 年版,第 354 页。

第十四章 民事权利：哪有什么理所当然，不过都是要件归入

财产权概念，认为财产权利主要包括两大类：物权和债权。物权，是指权利人依法对特定的物享有直接支配和排他的权利。物权要解决的问题是人如何实现财产的使用价值和交换价值。简单来说，物权的任务有两个：一是确定财产的归属，二是确定财产的利用。债权，是指特定的债权人一方请求债务人为或不为一定行为的权利。债权要解决的问题是人如何要求另一个人做或者不做某件事。简单来说，债权的任务在于，确定地位平等的民事主体之间如何合法有效控制对方的行为。

人身权，是指以人身所体现的利益为内容的、与权利人的人身密不可分的民事权利，包括人格权和身份权。与财产权不同，各类民事主体并不能无障碍、无差别地获取享有人身权的普遍均等的机会。法人几乎没有什么机会取得身份权和专属于自然人的人格权，比如亲权、身体权、健康权等。即便是自然人，碍于法律规定、伦理因素或者身体因素也无缘享有一些身份权，比如，表兄妹之间就很难成立夫妻关系。人身权包括两大类：人格权和身份权。人格权，是指以生命、健康、名誉等人格利益为内容，并排斥他人侵害的权利。人格权要解决的问题是确认和保护各类人格利益。简单来说，人格权的任务在于，维护民事主体的人身自由和人格尊严。身份权，是指基于权利人的特定身份而产生的权利。身份权要解决的问题是确认和保护民事主体的身份利益。简单来说，身份权的任务在于，维护民事主体的身份关系不受侵害。

综合性权利，是指由财产权和人身权结合所产生的一类权利。这些权利的特点表现为，其内容既包括人身利益又包括财产利益；

其专属性并非十分强烈。综合性权利包括三种：知识产权、社员权和继承权。知识产权，是指对于人的智力成果和工商业标志的独占排他的利用为内容的权利，包括著作权、专利权和商标权等。社员权，是指在某个团体中的成员依据法律规定和团体的章程而对团体享有的各种权利的总称。简单来说，社员权只能由社员享有，也只能向团体或者团体的其他成员主张。继承权，是指继承人依法继承被继承人遗产的权利。这种权利毫无疑问的同时具有财产属性和身份属性。

支配权、请求权、抗辩权和形成权

以民事权利的作用为分类标准，民事权利可以分为支配权、请求权、抗辩权和形成权。这种分类方式的类型化标准是权利的作用，也就是不同权利发挥着各自不同的功能。与第一种类型化方式的简单粗暴不同，这种类型化方式要细腻很多。支配权的作用在于控制。这种类型的权利有一种藏都藏不住的"霸总"气质，权利人行使权利完全在于一念之间，只要不违法，权利人几乎可以为所欲为。而且，支配权可以存在很久很久，客体不灭权利永存。请求权的作用在于要求，抗辩权的作用在于拒绝请求权人所提出的要求。这两种权利可谓"天生一对"。形成权的作用在于确认。形成权和支配权很相似的地方在于，等待被确认的法律关系效力如何，全在形成权人一念之间。形成权和支配权很不相似的地方在于，支配权是一种永久性的权利，人送外号"永远不死"；而形成权往往只能行使一次，人送外号"一招就死"。

第十四章 民事权利：哪有什么理所当然，不过都是要件归入

支配权，是指直接支配客体，并享受一定的利益的权利。①物权是典型的支配权，并且以支配作为其主要的功能。除物权以外，知识产权、人格权、身份权在性质上也可以称为支配权。支配权的权利人无须他人意思的协作，即可在客体上单方面实现自己意思。②

支配权的概念产生于一场论战。这场论战的双方都是大名鼎鼎的人物。首先出场的是以头铁著称的蒂堡。蒂堡的对手是我们非常熟悉的费尔巴哈，他对马克思历史唯物主义思想的产生有着至关重要的影响。费尔巴哈和蒂堡进行了关于对人权与对物权、对人之诉与对物之诉的论战。这一论战首先涉及这两种权利及这两种诉讼之间的关系问题，由此而引发的却是意义更为深远地对物权和对人权的判断标准及其实质属性的问题。蒂堡从罗马法出发，认为对人之诉与对物之诉产生了对人权与对物权，而非当时流行的见解所认为的那样，对人权和对物权分别产生了对人之诉与对物之诉。在此基础上，蒂堡主张应以这两种诉讼作为这两种权利的判断标准。作为坚持这种标准的当然后果，蒂堡口中对物权概念的外延远大于我们所熟悉的物权。而费尔巴哈则认为对人权与对物权这两种权利存在在先，这两种权利因此是对人之诉与对物之诉的依据。在费尔巴哈看来，对物权的内容或实质在于，自由地、不取决于他人意思地进行或不进行一定行为。权利行使

---

① 王利明、杨立新、王轶、程啸：《民法学》（第6版）（上册），法律出版社2020年版，第169页。
② 金可可：《论支配权概念——以德国民法学为背景》，载《中国法学》2006年第2期。

的行为特征，而非权利的效力，才是对物权的实质。①这个看法将人对物的控制作为权利重要特征。以今天的眼光看来，支配权的概念已经呼之欲出了。1889年，《德国民法典第一草案》起草人普朗克在回应对于该草案的批评时，径直将草案中的物权解释为"人对物的直接支配权"。这之后的德国学者在使用支配权这个概念的时候甚至不再作概念说明和印证，都说明支配权的概念已经得到普遍接受，已经成为无须引证说明即可直接使用的概念了。②

支配的内容包括事实上的支配与法律上的支配。事实上的支配，是指对客体的事实控制，如使用、消费等。事实上的支配最为典型且必须具备的标志是代表"事实上之力"的直接占有。法律上的支配，是指事实支配之外的其他支配形式。具体包括间接占有和处分权两种形式。一是对客体的间接占有，即权利人基于某种法律关系将客体的直接占有权转让给他人后，而对客体形成的占有状态。例如，所有权人在将自己的财产出租之后，依旧可以在法律上支配财产。二是对客体的处分权。这里的处分包括事实上的处分和法律上的处分。③

支配权的特征体现在以下四个方面。第一，支配权的客体是特定的，即特定化的财产和人身利益。支配权有如此强大的力量，

---

① 金可可：《论支配权概念——以德国民法学为背景》，载《中国法学》2006年第2期。

② 金可可：《论支配权概念——以德国民法学为背景》，载《中国法学》2006年第2期。

③ 金可可：《论支配权概念——以德国民法学为背景》，载《中国法学》2006年第2期。

第十四章 民事权利：哪有什么理所当然，不过都是要件归入

自然需要明确的对象。"霸道总裁"也只能在他承包的鱼塘里为所欲为，不信你让他到隔壁老王家的鱼塘里捞几条鱼试试。第二，支配权的权利主体是特定的，而义务主体是不特定的。支配权有如此强大的力量，其义务主体就不能确定。一旦支配权的义务主体确定，这就意味着支配权人只能向特定的人主张其支配权，其权利内容必然大打折扣。第三，支配权的实现不需要义务人的积极作为。支配权有特定的客体和不特定的义务人，这说明支配权人行使权利并不需要他人协助，或者说只要不受打扰即可，积极作为当然是不必要的。第四，支配权因支配而产生排他性的效力。支配表现为直接控制，这种控制必然是排他的。

支配权的类型可以按照支配的对象进行区分。按照支配的对象不同，支配权可以分为对物的支配权、对人身利益的支配权和对无形财产的支配权。对物的支配权所支配的客体是物。典型的以物为对象的支配权是物权。对人身利益的支配权所支配的客体是人身利益。典型的以人身利益为对象的支配权是人格权和身份权。对无形财产的支配权所支配的客体是无形财产。典型的以无形财产为对象的支配权是知识产权。

请求权，是指请求他人为一定行为或不为一定行为的权利。[①]典型的请求权是债权，除此之外，还包括物权请求权、人格权请求权、亲属权请求权和继承权请求权。就概念而言，请求权较之债权更具一般性。但实际上，请求权的基本框架是以债权为模型

[①] 王泽鉴：《民法总则》，北京大学出版社2009年版，第101页。

建立，权利救济时的请求权基础思维亦是以债权为核心。[1] 这就涉及另一个让人很头疼的概念：请求权基础。

请求权基础，是指据以支持原告"请求权"的规范基础或者法律行为。说白了就是给原告向法院提出的要求寻找足够充分的依据。这个依据找得到，原告的主张法院就会支持；反之，原告会败诉。寻找请求权基础构成民事法官找法作业之根本，由此体现的法律思维可称为请求权基础思维，也有人称之为请求权基础方法。请求权基础方法，借鉴诉讼中的攻防结构，将法律规范区分为请求权基础规范（主要规范）、辅助规范和防御规范。就内在结构而言，对每项请求权基础的检视均可分为三层（请求权成立→未消灭→可行使）四步（请求权成立要件→权利未发生的抗辩→权利已消灭的抗辩→权利阻止的抗辩）；就外在结构而言，存在多个备选的请求权基础时，须遵循特定顺序依次检视。[2]

实体法上的请求权概念是由温德沙伊德从罗马法和普通法中的诉的概念中发展出来的。[3] 温德沙伊德从罗马法上的诉的概念出发提出请求权的概念。[4] 他认为，罗马法上"诉"这个词具有6种依次变窄的含义：行为；（与他人）协商；法庭的审理；争议性的法庭审理；特别是涉及侵害人的争议性的法庭审理，也就是我们称之为诉讼的法庭起诉；并非某种事实，而是被认作合法权利

---

[1] 朱庆育：《民法总论》（第2版），北京大学出版社2016年版，第515页。
[2] 吴香香：《民法典请求权基础检索手册》，中国法制出版社2021年版，使用说明第1页以下。
[3] ［德］梅迪库斯：《德国民法总论》，邵建东译，法律出版社2000年版，第67页。
[4] 金可可：《论温德沙伊德的请求权概念》，载《比较法研究》2005年第3期。

第十四章　民事权利：哪有什么理所当然，不过都是要件归入

的法庭起诉或诉讼。不难看出，上述前五种含义都是对某些事实的描述（如"诉讼"这一事实），而唯有第六种与权利相关：即诉讼或起诉的权利。《学说汇纂》将"诉"描述为"通过审判要求获得自己应得之物的权利"。温德沙伊德认为，正是这种权利意义上的诉的概念，被用来意指我们用请求权指称的东西。[①] 从今天的认识出发，我们当然不能把诉权与请求权混同，甚至以其替代实体法上请求权的概念。温德沙伊德通过剥离罗马法上的诉所内涵的诉权或可诉请性的因素，提出了纯粹实体法上的请求权概念。请求权是法律上有权提出的请求，也即请求的权利，某人向他人要求一些东西的权利。[②]

请求权的特征表现在以下四个方面：[③] 第一，请求权具有相对性。也就是说，请求权仅能存在于特定的民事主体之间，特定的主体与不特定主体之间的权利不是请求权，而是支配权。第二，请求权依附于基础权利。也就是说，请求权的产生和存在需要有基础法律关系作为前提。没有无缘无故的请求，只有无休无止的支配。第三，请求权作为独立的实体权利，连接了实体法和程序法。也就是说，请求权的实现是实体权利的实现，而实体权利的实现离不开程序法的保障。第四，请求权既可以作为独立的权利，也可以作为实体权利的内容。也就是说，请求权可能呈现不同的样貌，作为一种独立权利的债权是请求权，作为物权内容之一的

[①]　金可可：《论温德沙伊德的请求权概念》，载《比较法研究》2005年第3期。
[②]　金可可：《论温德沙伊德的请求权概念》，载《比较法研究》2005年第3期。
[③]　王利明、杨立新、王轶、程啸：《民法学》（第6版）（上册），法律出版社2020年版，第170—171页。

返还原物请求权也是一项请求权。

请求权的类型可以按照两种标准划分,一是按照请求权产生的基础关系,请求权可以分为债权请求权、物权请求权、占有保护请求权、人格权和身份权上的请求权和知识产权法上的请求权。其中,债权请求权包括,合同履行请求权、违约损害赔偿请求权、缔约过失请求权、无因管理请求权、侵权的请求权、不当得利所产生的返还请求权。物权请求权包括,返还原物请求权、停止侵害请求权、排除妨碍请求权、妨碍防止请求权。占有保护请求权包括,占有返还请求权、妨碍排除请求权、消除危险请求权。人格权和身份权上的请求权包括,人格权上的请求权(停止侵害请求权、排除妨碍请求权、消除危险请求权)和身份权上的请求权(抚养请求权、赡养请求权)。知识产权法上的请求权包括,停止侵害请求权、排除妨碍请求权、消除危险请求权。二是按照请求权的独立性和派生性,请求权可以分为权利未受侵害时的请求权和权利受到侵害时的请求权。其中,在权利未受侵害的情况下,作为权力本身的内容而存在的,如债权中的请求权;在权利受到侵害的情况下,权利人针对义务人所提出的一种请求的权利。说过请求权,就必须要说一说请求权的初心本命,抗辩权。请求权和抗辩权这对相爱相杀的权利可谓是形影不离。

抗辩权,又称异议权,是指对抗对方的请求或否认对方权利主张的权利。[①] 抗辩权以请求权为产生和行使的前提,以对抗请

[①] 郑玉波:《民法总则》,中国政法大学出版社 2003 年版,第 69 页。

第十四章　民事权利：哪有什么理所当然，不过都是要件归入

求权为目标，常以"拒绝给付"为表征。① 抗辩权的行使是正当行使法定权利的表现，抗辩一旦成立将会导致对方的请求权消灭或使其效力延期发生。抗辩权和请求权一样，也来自罗马法上的抗辩。但是，抗辩权的概念来自19世纪的潘德克吞法学。为了将实体法与程序法上的权利区分开来，人们从"诉"的概念中发展出了请求和抗辩这两种权利。我们在聊支配权的时候提到过蒂堡和费尔巴哈之间的论战。蒂堡主张基于"诉"这种程序法上的权利，实体法意义上的权利才得以产生；费尔巴哈则主张程序性的权利是实体权利得以实现的工具，实体权利才是基础性的。

对于抗辩权含义有三种不同理解，分别是广义说、狭义说和折中说。广义说认为，抗辩权是对抗相对人行使请求权或者其他权利的权利。② 这种观点将抗辩权对抗的权利作广义理解，扩张至可以对抗形成权。狭义说认为，抗辩权是对抗债权人的请求权而拒绝履行义务的权利。③ 这种观点将抗辩权的对象做狭义理解，仅限于对抗债权请求权。折中说认为，抗辩权是因请求权人行使权利，义务人有可以拒绝其应为给付的权利。④ 这种观点将抗辩权的对象定位于请求权。综合考虑这三种观点，争议的问题在于，抗辩权对抗的权利范围如何划定。广义说将抗辩权的对象扩张至形成权的立场并不完善。虽然形成权的主张可能被拒绝，但是对

---

① 柳经纬、尹腊梅：《民法上的抗辩与抗辩权》，载《厦门大学学报（哲学社会科学版）》2007年第2期。
② 佟柔主编：《中国民法学·民法总则》，中国人民公安大学出版社1990年版，第70页。
③ 周振想：《法学大辞典》，团结出版社1994年版，第600页。
④ 梅仲协：《民法要义》，中国政法大学出版社1998年版，第28页。

抗形成权的权利是,也只能是形成权。①原因也很简单,就像只有魔法才能打败魔法。狭义说将抗辩权的对象限缩于债权请求权的立场也是很不恰当。请求权的范畴很广,一般说来,各类请求权虽然产生的基础各异,但实质上的差异不大,都以防御性的拒绝给付为内容。因此,我们很难说明为什么能够对抗债权请求权的抗辩权,在物权请求权面前束手无策。折中说的立场更为可取,也基本已经成为学者的共识。②

抗辩权的特征可以归纳为以下三个方面。③第一,抗辩权是由法律明确规定的权利。与请求权意在要求特定人实施特定行为不同,抗辩权是一种用来对抗请求权的权利。因此,抗辩权的产生必须法定。基于约定而生的对抗性权利,不过是另一种形式的请求权而已。第二,抗辩权是对抗或否认对方的请求权的权利。对抗或者否认是抗辩权的功能之所在,抗辩权因此有一时的抗辩权和永久的抗辩权之分。第三,抗辩权的行使必须要以请求权的行使为前提。

抗辩权的类型可以按照两种方法来划分。一是按照抗辩权产生的依据划分,将抗辩权分为实体法上的抗辩权和程序法上的抗辩权。实体法上的抗辩权产生于实体法,例如同时履行抗辩权、

---

① [德]拉伦茨:《德国民法通论》,王晓晔等译,法律出版社2003年版,第298—299页。
② 郑玉波:《民法总则》,中国政法大学出版社2003年版,第69页;王泽鉴:《民法总则》,北京大学出版社2009年版,第104页;梁慧星:《民法总论》(第5版),法律出版社2017年版,第74页;王利明、杨立新、王轶、程啸:《民法学》(第6版)(上册),法律出版社2020年版,第173页。
③ 王利明、杨立新、王轶、程啸:《民法学》(第6版)(上册),法律出版社2020年版,第173—174页。

第十四章 民事权利：哪有什么理所当然，不过都是要件归入

时效届满后的抗辩权；程序法上的抗辩权产生于程序法，例如管辖权异议。抗辩权的这种分类的方法简单粗暴，就看抗辩权依据什么类型的法律制度产生，并以此确定抗辩权的类型。简单地说，就是看抗辩权是搞权利还是走程序。二是按照抗辩权的效力划分，将抗辩权分为消灭的抗辩权和延缓的抗辩权。消灭的抗辩权，又称永久的抗辩，是指抗辩具有消灭或否定请求权的效力，可以使请求权的行使被永久排除。[1] 例如合同法律关系中，基于合同履行产生的抗辩。延缓的抗辩权，又称一时的抗辩，是指仅能使对方的请求权在一定期限内不能行使。[2] 例如合同法律关系中，同时履行抗辩权、不安抗辩权。抗辩权的这种分类的方法复杂细腻，需要综合考虑抗辩权所发挥的作用，再以此确定抗辩权的类型。简单地说，就是看抗辩权对请求权的作用是一了百了还是没完没了。

形成权，是指当事人一方可以以自己单方的意思表示，使法律关系发生变动的权利。[3] 19世纪末20世纪初，德国法学家在进行实体法与诉讼法体系的划分中，发现有一些诉讼形式，诸如撤销婚姻之诉、撤销收养之诉、撤销诈害行为之诉等。这些诉讼都针对某种法律关系，当事人就其法律关系虽不可自由处分，却可自由向法院提出请求，由法院判决后生效。因为它既非请求权，也非支配权，更非抗辩权，而在诉讼法上却有因其而产生的诉权，

---

[1] 王利明、杨立新、王轶、程啸：《民法学》（第6版）（上册），法律出版社2020年版，第174页。

[2] 王利明、杨立新、王轶、程啸：《民法学》（第6版）（上册），法律出版社2020年版，第174页。

[3] 王泽鉴：《民法总则》，北京大学出版社2009年版，第105—106页。

并能由此而发生法律效力。很明显,这是一项能够产生"诉"的权利。而且,这种权利尚未被归入到任何一种已知的权利类型当中,更刺激的是这种权利似乎也不能被归入任何一种已知的权利当中。德国人是绝对不能容忍这种现象存在的,于是,德国法学家开始从实体法上寻找理论依据。Enneccerus 首先在关于法律行为的著作中讨论到所谓"取得的权能",并尝试探究此项难以纳入权利体系中的"权能"的发生及本质。其后,Zitelmann 在其关于国际私法的著作中铸造了法律上"能为之权利",即"权能"的概念。1903 年,泽克尔(Seckel)将其称为"形成权"。[1] 至此,形成权这一概念专门用来指称那些以单方面的意思表示即可变动法律关系的权利。形成权的提出,扩张了权利的范畴,使权利体系更加完整,被德国法学家 Hans Dolle 誉为法学上的发现,并将其与拉班德关于代理权授予及其基础关系(突破代理权与委任一体的传统看法)的发现、耶林关于缔约上过失的发现、基普关于法律上双重法律效果的理论、萨维尼关于国际私法上法律关系本据说等理论相提并论。[2] 形成权以法律关系为客体,以单方法律行为为行使途径并无须相对人的同意即可产生变动法律关系的后果。[3] 形成权的发现揭示了法律关系可以作为权利指向的对象,

---

[1] Seckel, Die Gestaltungsrechte des bürgerlichen Rechts: Festschrift für Koch (1903)S.205,转引自王泽鉴:《民法学说与判例研究》(四),中国政法大学出版社 1998 年版,第 13 页。

[2] 王泽鉴:《法学上之发现》,载王泽鉴:《民法学说与判例研究》(四),中国政法大学出版社 1998 年版,第 1—25 页。

[3] 汪渊智:《形成权理论初探》,载《中国法学》2003 年第 3 期。

第十四章　民事权利：哪有什么理所当然，不过都是要件归入

扩展了法律上之力的外延。①

形成权的特征体现在以下五个方面：第一，形成权是指权利人仅根据自己的意思表示，就能够使既存的法律关系发生、变更或消灭的权利。形成权的直接作用对象是法律关系，权利人行使权利会让作为权利客体的法律关系发生、变更或者消灭，而且这种效果的发生全凭当事人的主观意志。第二，形成权的效力的产生不需要另一方作出某种辅助的行为或共同的行为。形成权的效力基于当事人的主观意志实现，并不需要其他人的行为作为辅助。第三，形成权的行使所发生的效力很难因相对人的行为而受到影响。形成权人可以一己之力影响法律关系的变动，相对人对形成权效力的影响力是非常小的。第四，形成权不能与其所依附的法律关系相分离。形成权的存在需要有特定的法律关系作为基础，形成权与这个作为基础的法律关系不能分离。一旦分开，形成权将不复存在。第五，形成权通常都具有一定的存续期间。这个存续期间往往表现为除斥期间。形成权在除斥期间届满之后即告消灭。

形成权的类型可以按照三种分类方式进行划分。一是按照形成权所依附的法律关系，可以分为财产法上的形成权和身份法上的形成权。财产法上的形成权，依附于财产权，如撤销权。身份法上的形成权，依附于人身权，包括纯粹身份上的形成权，如解除婚约；身份财产上的形成权，如继承权的抛弃。二是按照形成

---

① 马俊驹、申海恩：《关于私权类型体系的思考——从形成权的发现出发》，载《法学评论》2007 年第 3 期。

权产生的方式，可以分为法定形成权和约定形成权。法定形成权，是指基于法律规定直接产生的形成权。约定形成权，是指基于当事人约定产生的形成权。三是按照形成权的行使方式，可以分为非通过诉讼而行使的形成权和通过诉讼而行使的形成权。

形成权的行使需要注意三个问题。一是形成权受存续期间的限制。也就是说，形成权的存续适用除斥期间规则，在一定期限内不行使，将导致权利消灭。二是形成权的行使不能附条件或附期限。三是形成权的行使不得撤销。

绝对权和相对权

以义务主体是否特定为分类标准，民事权利可以分为绝对权与相对权。绝对权，又称对世权，是指权利人的权利无须通过义务人实施一定的行为，即可以实现，并能对抗不特定人的权利。[1]相对权，又称对人权，是指权利人的权利必须通过义务人实施一定的行为才能实现，权利人的权利只能对抗特定的义务人。[2]

绝对权与相对权的区别主要体现在以下五个方面。第一，在义务人的范围上，绝对权的权利人是特定的，而义务人是不特定的；相对权的权利人和义务人均是特定的。第二，在权利义务的对应关系上，绝对权的权利人享有一定权利，不必承担法律规定和公序良俗之外的其他义务；相对权的权利和义务一般具有对应性。第三，在权利的排他性上，绝对权具有排他性，也就是说在同一标的物上不能同时存在两个或两个以上性质和内容相互冲突

---

[1] **魏振瀛**主编：《民法》（第7版），北京大学出版社、高等教育出版社2017年版，第37页。

[2] **史尚宽**：《民法总论》，中国政法大学出版社2000年版，第22页。

第十四章　民事权利：哪有什么理所当然，不过都是要件归入

的绝对权；相对权不具有排他性，在同一标的物上同时存在若干相对权。第四，在权利的公开性上，绝对权需要公开；相对权一般不须公开。第五，在权利受到侵害时的补救措施上，绝对权优先考虑恢复原状，不能恢复原状的进行损害赔偿；相对权以损害赔偿为主。需要注意的问题有两个，一是绝对权存续期间的义务人是不确定的，但是在绝对权受到侵犯之后，在权利人与加害人之间就产生了一个新的、相对性的法律关系。二是相对权虽然仅存在于特定民事主体之间，但是仍存在被第三人侵害的可能。

主权利和从权利

以民事权利间的主从关系为分类标准，民事权利可以分为主权利和从权利。主权利，也称为独存权，是指在相互关联的几项民事权利中，不依赖于其他权利就可以独立存在的权利。从权利，是指不能独立存在而从属于主权利的权利。如为担保债权的实现而设立的担保物权，相对于主债权是一种从权利，而主债权是主权利。①

区分主权利与从权利的意义在于：第一，只有在具有主、从地位的法律关系中才存在主、从权利。第二，主权利是从权利的基础和前提，从权利依附主权利存在。第三，主、从权利对应不同的主、从义务。

既得权与期待权

以民事权利成立要件是否成就为分类标准，民事权利可以分为既得权与期待权。既得权，是指成立要件已全部实现的权利，

---

① 史尚宽：《民法总论》，中国政法大学出版社 2000 年版，第 29 页。

一般权利都是既得权。期待权是指成立要件尚未全部实现、将来有实现可能的权利。[①] 期待权的类型主要有：在所有权保留的买卖中，买受人对标的物的所有权所享有的期待利益；附生效条件和附期限合同中，在期限尚未到来之前；保险合同中受益人的权利；继承人的权利。

区分既得权和期待权的意义在于：第一，权利人是否实际取得权利；第二，既得权无须条件，期待权需要一定法律事实作为条件；第三，既得权可能受到侵害，期待权能否受到侵害存在争议。

民事权利的取得、变更和消灭

民事权利的取得，是指民事主体依据合法的方式或根据获得民事权利。[②] 民事权利的取得方式从最一般的意义上讲，可以分为原始取得和继受取得。二者都是民事权利与特定主体相结合的过程，二者之间的区别在于，原始取得是从无到有取得权利，继受取得是从有到有取得权利。也就是说，原始取得方式所取得的权利没有原权利人，即使有，也当作没有；继受取得方式所取得的权利有原权利人，而且原权利人会对权利产生影响。

原始取得，是指根据法律规定或者民事法律行为，最初取得民事权利或不依赖于原权利人的意志而取得某项民事权利。例如，劳动生产、取得孳息、添附、没收、无主财产收归国有等。权利

[①] 郑玉波：《民法总则》，中国政法大学出版社 2003 年版，第 72 页。
[②] 王利明、杨立新、王轶、程啸：《民法学》（第 6 版）（上册），法律出版社 2020 年版，第 179 页。

第十四章 民事权利：哪有什么理所当然，不过都是要件归入

的原始取得就是权利的新生。[1] 这个从无到有的过程意味着，通过原始取得方式获得的权利是一个完整的、没有瑕疵的权利。这个权利之上即便存在过其他权利主体，原权利人对于民事权利的影响也不复存在。

继受取得，又称传来取得，是指通过某种法律行为从原权利人那里取得某项民事权利。例如，买卖、赠与、接受遗产、接受遗赠、互易等。权利的继受取得就是权利自前手继受而来。[2] 继受取得可以分为单一继受取得和全部继受取得。单一继受取得，是指对单一的权利的继受取得，又包括移转的继受取得和创设的继受取得。移转的继受取得，是指一方转移权利而另一方取得权利。创设的继受取得，是指一方转移权利，并在该权利基础上创设了新的权利。全部继受取得，是指对一系列权利的全面取得。全部继受取得需依据法律规定，如法定继承、企业合并、分立。这个从有到有的过程意味着，通过继受取得方式获得的权利可能是完整的、没有瑕疵的，也可能是不完整的、存在权利负担的。曾经享有这个权利的原权利人会对权利产生某种影响，这种影响并不会因权利主体的变更而受到影响，而是继续存在于权利之上。取得民事权利的具体途径有以下四种：第一，依民事法律行为取得，例如买卖；第二，依事实行为取得，例如建造房屋；第三，依法律规定的事件或者其他直接规定取得，例如取得银行存款的利息；第四，依法院的判决取得，例如因胜诉判决所获得的赔

---

[1] 朱庆育：《民法总论》（第2版），北京大学出版社2016年版，第503页。
[2] 朱庆育：《民法总论》（第2版），北京大学出版社2016年版，第503页。

偿金。

　　民事权利的变更是民事权利在主体、内容或者客体上的变化。导致民事权利变更原因有两种。一是基于约定，也就是说，根据当事人的约定而变更民事权利。二是基于法定，也就是说，基于法律规定的原因而发生的权利变更。基于法律规定而变更的，可以分为基于法律规定直接发生变更的法律效果；在法律事实出现后，需以诉讼程序实现变更。关于民事权利变更的内容我们会在说民事法律行为的时候仔仔细细地聊一聊，这里就先放一放。

　　民事权利的消灭是指某项权利与特定主体相分离的情形。[①] 民事权利的消灭分为绝对消灭和相对消灭。[②] 绝对消灭，主要是指权利不复存在的情形，例如，权利客体消灭导致权利不复存在；相对消灭，主要是指权利本身依旧存在，但是权利不再归属于原权利人的情形，例如，因买卖而导致的权利主体变更。简单地说，民事权利的绝对消灭就是权利没了，人还在；民事权利的相对消灭就是权利还在，人变了。

　　民事权利消灭的原因主要有以下五种：第一，权利人抛弃权利。例如，抛弃财物。第二，转让。例如，买卖。第三，权利人死亡。这种情况下，权利对于原权利人而言属于权利的消灭，对于因权利人死亡而继承财产的人而言则属于权利的取得。第四，客体消灭。权利客体不复存在权利自然随之消灭。第五，超过一定的期限不行使权利。这种情况尤其要注意，民法上有诉讼时效

[①] 朱庆育：《民法总论》（第 2 版），北京大学出版社 2016 年版，第 505 页。
[②] 王利明、杨立新、王轶、程啸：《民法学》（第 6 版）（上册），法律出版社 2020 年版，第 181 页。

第十四章 民事权利：哪有什么理所当然，不过都是要件归入

和除斥期间两项制度。超过一定期限不行使权利指的是因除斥期间届满而消灭的权利；诉讼时效届满不会导致权利的消灭，而是产生了一个可以对抗权利主张的抗辩权，权利本身并不会因诉讼时效的经过而不复存在。

民事权利的行使

民事权利的行使，是指民事权利内容的实现。权利行使的方式包括事实方式和法律方式。事实方式，是指权利人通过实施某种事实行为来行使权利。如所有权人对自己财产的使用。法律方式，是指权利人通过实施某种民事法律行为来行使权利。例如，买卖和赠与。一般来说，权利人行使权利是实现其意志的过程，也是在此基础上享有利益的过程，这个过程是有国家强制力保护的。所以说，权利人行使权利并不会受到太多限制。

但是，民事权利的行使不能全凭权利人的主观意志。想干啥就干啥，是不大可能的。行使权利需要遵循三个原则：第一，自愿原则。所谓权利行使的自愿原则，是指民事主体有权按照自己的意愿行使权利，不受他人的非法干涉。这个地方要注意，权利人行使权利不是不受他人干涉，而是不受他人非法干涉。在有法律依据的情况下，干涉就是合法的，权利行使的行为也必然受其约束。第二，义务必须履行原则。这就要求，履行法律规定的义务，履行当事人约定的义务。我们在聊权利的时候，怎么突然说到义务了呢？前面我们说过，民事权利往往和民事义务是相互对应的，有权利往往意味着有义务。权利的行使也就当然需要义务的履行了。第三，禁止权利滥用原则。所谓权利滥用，是指行使权利违背权利设定的目的，损害了他人利益。当行使权利超过必

要限度，就可能会出现权利滥用的情况。但是，并非所有超出限度行使权利的行为都构成权利滥用。滥用权利应当具备以下条件：要有权利存在；须损害国家利益、社会公共利益或者他人合法权益；行为人主观有过错。滥用权利行为的法律后果：不能发生行为人预期的法律效果；滥用权利造成他人损害的，应当承担法律责任。

民事权利的保护

民事权利的保护，也被称为民事权利的救济。民事权利的保护方式有两种，一是民事权利的自我保护，又称私力救济，是指权利受到侵犯时，由权利人自行采取措施保护权利。私力救济的方式主要有正当防卫、紧急避险和自助行为。前两种概念我们很熟，所谓自助，是指权利人为保证自己的请求权的实现，在情势紧迫而又不能及时请求国家机关予以救助的情况下，对他人的财产或自由施加扣押、拘束或其他相应措施，而为法律或社会公德所认可的行为。二是民事权利的国家保护，又称公力救济，是指权利受到侵犯时，由国家机关给予保护。公力救济的方式主要是诉讼。民事诉讼类型主要有三种：一是确认之诉，是指请求人民法院确认某种权利是否存在的诉讼。主要适用于绝对权，作为其他诉讼的前提。二是给付之诉，是指请求人民法院责令对方作出某种行为，以实现自己的权利的诉讼。主要适用于请求权。三是形成之诉，是指请求人民法院通过判决变更现有的某种民事权利义务，形成某种新的权利义务的诉讼。主要针对形成权，如解除

第十四章　民事权利：哪有什么理所当然，不过都是要件归入

权、撤销权等。①

民事义务

民事义务，是指义务人为满足权利人的要求而为一定的行为或不为一定行为的法律负担。② 法律上的义务也可以被看作是法律强加于当事人作为或不作为的拘束。这种拘束无论义务人主观上具备什么样的意思都不能随意变更或者免除。义务如果不能得到遵守，义务人将受到法律的强制和制裁。③ 义务是与权利相对而言的，从某种意义上讲，权利和义务是一体之两面，我们理解了权利就能对义务有一个比较明确的理解。

对民事义务的理解可以从以下三个方面着手：第一，义务人必须依据法律的规定或合同的约定，为一定行为或不为一定行为，以满足权利人的要求。也就是说，义务的产生要么基于法定，要么基于约定。这种基于法定或者约定产生的负担具体表现为义务人做或者不做特定行为，而这个行为能够满足权利人的要求。第二，义务体现为一种负担，义务通常是以满足权利人的需要为目的，而非满足义务人自身的目的。简单来说，义务是服务于权利实现的，履行义务对于义务人来说并不意味着什么利益。第三，义务具有强制性。这种强制以国家强制力为后盾，所以我们说，违反民事义务产生的责任不仅是对权利人的责任，也是对国家的责任。

---

① 王利明、杨立新、王轶、程啸：《民法学》（第6版）（上册），法律出版社2020年版，第185页。
② 王利明：《民法总则研究》（第3版），中国人民大学出版社2018年版，第145页。
③ 梁慧星：《民法总论》（第5版），法律出版社2017年版，第81页。

到这里，我们从主体、客体和内容三个方面介绍了民事法律关系这个概念。不难看出，我们的介绍更多是从静的视角展开。但是，现实生活中的民事法律关系多数处于变动当中。于是，我们就需要关注导致民事法律关系发生变动的原因。这就需要引入另外一个重要的民法概念，民事法律行为。

在介绍民事法律行为之前，我们先看民事法律事实的相关内容。

第十五章

民事法律事实：于水穷处看云起

我们很难找到没来由的民事法律关系，没来由的民事法律事实却有不少。很多自然现象就没啥来由，但它依旧能够引起民事法律关系的变动。在这个意义上看，民事法律事实是"因"，民事法律关系是"果"。因果之间的联系可以错综复杂，也可以简单明了，但这个联系一定存在。

民事法律事实的含义

民事法律事实，是指依法能够引起民事法律关系产生、变更或消灭的客观现象。① 纷繁复杂的社会现象，欲自生活世界跻身民法世界，成为民法的调整对象，必须首先能够被解释、描述、想象为某种具体类型的"民事法律事实"或"民事法律关系"，否则，这种社会现象就属于民法不入之地。②

民事法律事实有三个特点。③ 第一，民事法律事实是一种客

---

① 王利明：《民法总则研究》（第3版），中国人民大学出版社2018年版，第157页。
② 王轶：《论民事法律事实的类型区分》，载《中国法学》2013年第1期。
③ 王利明：《民法总则研究》（第3版），中国人民大学出版社2018年版，第157—160页。

观存在的、社会生活中出现的事实。这意味着，民事法律事实必须是真实发生的某种客观现象，单纯的主观意志不属于民事法律事实。第二，民事法律事实能够引起一定的法律后果，也就是能够引起民事法律关系的产生、变更或者消灭。也就是说，民事法律事实的作用是引起法律关系的变动。第三，民事法律事实所产生的法律后果取决于法律规定。也就是说，民事法律事实产生的法律后果取决于法律规定。

民事法律事实是"因"，民事法律关系是"果"。如果没有民事法律事实，民事法律关系就不会产生、变更或者消灭。我们前面说过，民事法律关系在民法上是一个非常重要的概念。民事法律关系作为民法的调整对象，这是民事法律制度安身的所在；民事法律关系的三项要素是民事法律制度的重要内容，这是民事法律制度立命的所在。民事法律关系的变动离不开民事法律事实。

需要注意的问题是，民事法律事实和民事法律关系之间的因果关系未必是一一对应的。民事法律关系的产生、变更和消灭可以基于某一个法律事实，比如法定继承关系，需要被继承人死亡这个法律事实才能发生；也可以基于两个或两个以上的法律事实，比如遗嘱继承，需要设定遗嘱的行为和被继承人死亡两个法律事实才能发生。这种引起民事法律关系产生、变更和消灭的两个以上的法律事实的总和，成为民事法律关系的事实构成。要求事实构成的民事法律关系，只有在事实构成具备的情况下，才能产生、变更和消灭。①

---

① 王利明：《民法总则研究》（第3版），中国人民大学出版社2018年版，第161页。

第十五章 民事法律事实：于水穷处看云起

民事法律事实的类型

对于民事法律事实类型，大体上有三种认识。这三种认识被称为详细区分说、简略区分说和折中说。[1] 每种学说都有学者支持，但是，不同学者之间也没有在具体观点上形成完全统一的认识。简单说来，按照对于适法行为（合法行为）与违法行为的划分，我们可以对学者们的观点大致做上述分类。这三种认识的具体内容，我们一个一个地说。

第一种认识被称为详细区分说。这种认识将适法行为（合法行为）与违法行为区分开来。在此基础上，认为事实行为与侵权行为是并列存在的不同类型的民事法律事实。[2]

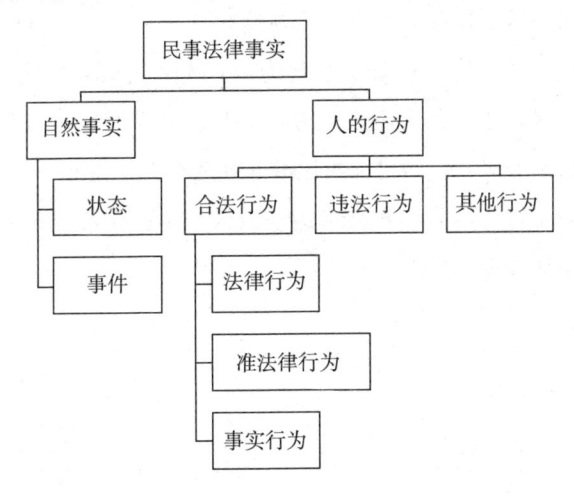

```
民事法律事实
├── 自然事实
│   ├── 状态
│   └── 事件
└── 人的行为
    ├── 合法行为
    │   ├── 法律行为
    │   ├── 准法律行为
    │   └── 事实行为
    ├── 违法行为
    └── 其他行为
```

---

[1] 王轶：《论民事法律事实的类型区分》，载《中国法学》2013年第1期。
[2] 王泽鉴：《民法总则》，中国政法大学出版社2001年版，第192—193页；梁慧星：《民法总论》（第5版），法律出版社2017年版，第63—65页；张俊浩：《民法学原理》，中国政法大学出版社1991年版，第47页；龙卫球：《民法总论》（第2版），中国法制出版社2002年版，第153—159页；尹田主编：《民法教程》，法律出版社1997年版，第61—63页。

第二种认识被称为简略区分说。这种认识不承认适法行为（合法行为）与违法行为的区分，并将违法行为看作一类事实行为。①

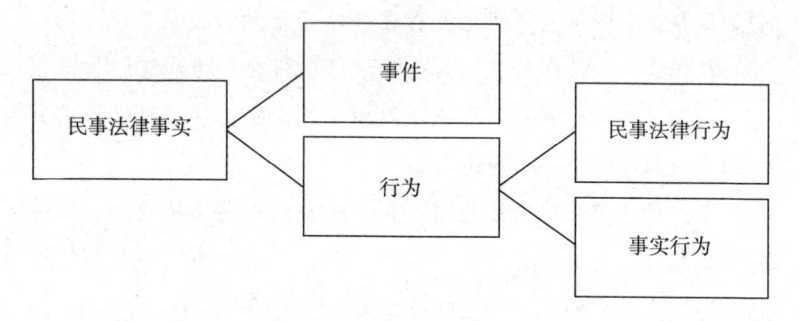

```
民事法律事实 ── 事件
              └─ 行为 ── 民事法律行为
                       └─ 事实行为
```

第三种认识被称为折中说。与简略区分说不同，折中说认可合法行为（适法行为）与非法行为的区分；与详细区分说不同，折中说主张合法行为（适法行为）与非法行为的区分乃是属于与表示行为和非表示行为这一组区分并列的存在，而非一体的存在，因而在表示行为与非表示行为这一组区分中，违法行为属于事实行为的具体类型。②

---

① **佟柔**主编：《中国民法》，法律出版社1990年版，第37—38页；江平主编：《民法学》，中国政法大学出版社2007年版，第142—144页；王利明：《民法总则研究》（第3版），中国人民大学出版社2018年版，第160—161页；杨立新主编：《民法》（第3版），中国人民大学出版社2005年版，第24—25页。

② **魏振瀛**主编：《民法》（第7版），北京大学出版社、高等教育出版社2017年版，第34—35页；马俊驹、余延满：《民法原论》（第4版），法律出版社2010年版，第74—75页。

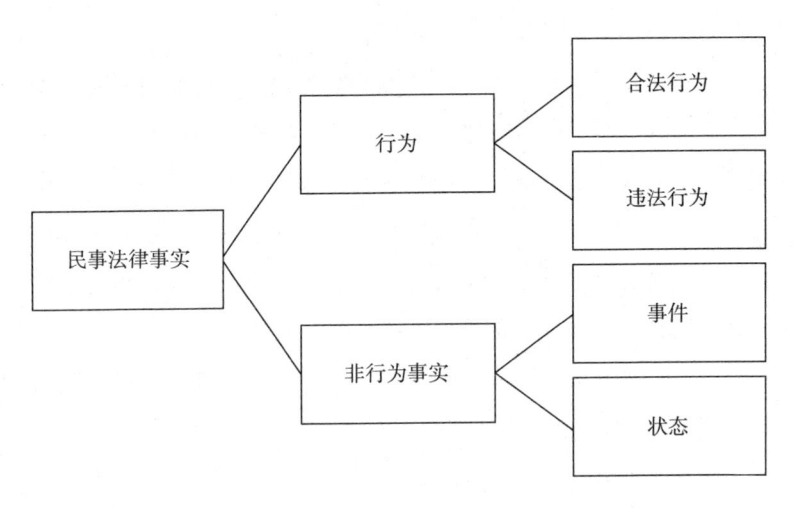

```
                    ┌─── 合法行为
           ┌─ 行为 ──┤
           │        └─── 违法行为
民事法律事实 ─┤
           │           ┌─── 事件
           └─ 非行为事实 ┤
                       └─── 状态
```

这么一对比,我们不难看出,对于民事法律事实的类型,学者之间还存在不同认识。民法学者和刑法学者均认同的一个观点是,作为与民法规则的设计和适用无直接关联的纯粹民法学(刑法学)问题,无论其具体内容是什么,只要其讨论不仅仅是满足于作为书房中或课堂上的智力游戏,都毫无例外地承担着一项重要的学术使命,那就是对纷繁复杂的民法(刑法)规则进行知识梳理,完成体系建构,以便利知识传播,并借此获取针对规则的认同,进而间接支援民法(刑法)规则的正当性,让民法(刑法)规则在与其他类型社会规则的竞争中处于优势地位。[①] 在上述三种对于民事法律事实的认识当中,我们按照简略区分说的观点来说明民事法律事实的类型。

理解民事法律事实大致需要记住三件事。

---

① 王充:《问题类型划分方法视野下的犯罪概念研究》,载《中国人民大学学报》2012年第3期;王轶:《论民事法律事实的类型区分》,载《中国法学》2013年第1期。

第一，民事法律事实得是真事儿，不能是想法。

民事法律事实是一种客观事实，要看得见、摸得着。头脑中的主观想法成不了民事法律事实，更不可能影响社会主体之间的关系。比方说，某个小伙子对隔壁班的妹子暗生情愫，想在他们俩之间缔结超乎同学关系的情感关系。只靠在图书馆里远远地望着妹子的背影胡思乱想是没有用的，这位兄台起码要先想办法搞到妹子的微信，这样才有机会让新的关系产生。

第二，民事法律事实有两种，一种是天做出来的，一种是人做出来的。

事件是天做的，与人的意志无关；行为是人做的，与人的意志相关。也就是说，按照客观事实是否与人的意志相关，民事法律事实被分为事件和行为。这个世界上，有些事情的发生是与人的意志没有什么关系的，比方说民法老师的发际线会越来越高。该发生的一定会发生，民法老师的意志在发际线后移这件事情上没啥意义。有些事情的发生是与人的意志有关系的，比如隔壁宿舍的同学因失恋坚持跑步。没多久，跑量和配速没能疗愈的情伤，却被在操场上结识的小姐姐疗愈了。之所以要考虑人的意志与客观事实之间的关系，是由于民事法律事实会引发民事法律关系的变动，民事法律关系的变动又会产生特定的法律后果，法律后果的承担需要考虑当事人的主观因素。事件与行为的区别因此必要。

事件，又称自然事实，是指与人的意志无关，能够引起民事法律后果的客观现象。事件的发生与人的意志无关；产生的结果也不受人的意志左右。刮风下雨、打雷闪电、地震海啸等自然现象都属于事件；行政行为、司法行为等不受民事法律关系当事人

第十五章 民事法律事实：于水穷处看云起

意志左右的行为也属于事件。这些与人的意志无关的事件可能会对人与人之间的社会关系产生影响。比如，自然灾害会导致财产损失，令所有权法律关系消灭；法院判决离婚，会使婚姻关系终止。

行为，是指人有意识的活动。行为与人的意志息息相关。需要注意的是，行为的实施基于人的意志；行为的结果则未必取决于人的意志。暗戳戳地在隔壁班妹子的每条朋友圈下面点赞，或者明晃晃地在表白墙上求篮球队队长哥哥的微信，都是基于人的意志所实施的行为。但是，这些行为会产生怎样的结果可不是一厢情愿就可以确定的。

第三，行为又有两种，一种是也许可以为所欲为，另一种是绝对不能为所欲为。

刚刚我们说到行为的结果不是行为人一厢情愿就能确定。影响行为效力的因素大致来自两个方面，一是行为所涉及的各方当事人的意志，二是法律规范的内容。因此，行为可以分为民事法律行为和事实行为。前者也许可以为所欲为，后者绝对不能为所欲为。

民事法律行为，是指行为人旨在确立、变更、终止民事权利义务关系的行为。民事法律行为的效力取决于相关当事人的意志和法律规范的内容。这是一个很重要的概念，我们后面会详细聊。现在，先把概念记住就行。

事实行为，是指行为人实施一定行为时在主观上并没有产生、变更或消灭某一民事法律关系的意思，但由于法律规定，同样会引起一定的民事法律后果的行为。事实行为的效力跟当事人的意志没啥关系，完全取决于法律规范的内容。事实行为有合法的，如拾得遗失物；也有不合法的，如侵权行为。整部《民法典》当中，"事实行为"这个概念仅出现在两个条文当中。第一次出现在第 129 条，第二次出现在第 231 条。别看事实行为这个概念露脸的次数不多，在民事法律制度当中，它发挥的作用可不小。不信邪的可以去问问被侵权法虐到怀疑人生的学哥学姐。他们八成会和你讲，侵权法这门课特别有意思，一定要选哦！

民事法律事实是因，其作用就是导致民事法律关系的产生、变更和终止。民事法律关系是果，它作为民法的调整对象，体现着民法发挥作用的范围。对于民事法律制度和民法知识体系而言，民事法律事实和民事法律关系都是基础性概念。

第十六章
民事法律行为：提到括号前

民事法律行为是民事法律关系产生、变更和终止的原因之一。民事主体的主观意志是民事法律行为的基础，意志是法律关系的起点。[1] 接下来的问题就是，我们怎样了解别人内心的想法。这是一件非常困难的事情。别人内心的想法，我们要么不能了解，要么不愿了解。民事法律行为需要被理解，或者说，能够被理解的行为才有可能成为民事法律行为。这不但是民法上的事儿，而且和公法规则密切相关。[2] 正是由于民事法律行为对民事法律关系乃至整个民法体系具有重要作用，民事法律行为被当作公因数提到括号前，成了理解和把握民法制度的重要知识节点。要搞清楚民事法律行为制度的具体内容，我们需要从民事法律行为的概念说起。

民事法律行为的含义

民事法律行为，是指民事主体通过意思表示设立、变更和终

---

[1] 米健：《意思表示分析》，载《法学研究》2004年第1期。
[2] 章程：《论行政行为对法律行为效力的作用——从基本权理论出发的一个体系化尝试》，载《中国法律评论》2021年第3期。

止民事法律关系的行为。① 作为导致民事法律关系产生、变更和终止的最重要的法律事实,民事法律行为是以意思表示为核心,以产生、变更、消灭民事法律关系为目的的行为。也就是说,法律行为是以发生私法上效果的意思表示为要素的行为,它是实现私法自治的工具。② 作为民法的重要调整手段,法律行为制度通过赋予当事人自由意志以法律效力,使当事人能够自主安排自己的事务,从而实现了民法主要作为任意法的功能。因此,法律行为是民法中最为核心的制度之一。《民法通则》第54条规定:"民事法律行为是公民或者法人设立、变更、终止民事权利和民事义务的合法行为。"《民法典》第133条规定:"民事法律行为是民事主体通过意思表示设立、变更、终止民事法律关系的行为。"从《民法通则》到《民法典》,立法对于民事法律行为的规定出现了两个方面的变化:第一,取消民事法律行为合法性的要求。这意味着民事法律行为违法未必无效。③ 第二,增加了意思表示的概念。这揭示了法律行为本质特征。

到这儿,大家可能注意到一个问题,我们混用了"民事法律行为"和"法律行为"这两个概念。"法律行为"是德国学者创造的法律术语。④ "民事法律行为"的概念随着《民法通则》颁行取

---

① 王利明、杨立新、王轶、程啸:《民法学》(第6版)(上册),法律出版社2020年版,第185页。

② [德]汉斯·布洛克斯、沃尔夫·迪特里希·瓦尔克:《德国民法总论》(第33版),张艳译,中国人民大学出版社2014年版,第64页。

③ 柳经纬主编:《共和国六十年法学论争实录·民商法卷》,厦门大学出版社2009年版,第94—112页。

④ 谢鸿飞:《论法律行为概念的缘起与法学方法》,载《私法》2003年第1期。

代了法律行为的地位。这一创新概念从合法性和法域区分两个方面发挥自己的作用，成为统帅具有民法意义的合法行为的概念。但是，《民法通则》颁行后不足二十余年，学者对于民事法律行为的概念的认识已经发生重大变化，学者纷纷尝试回归法律行为概念，而弃用民事法律行为。在制定《民法总则》的过程中，立法者沿用了民事法律行为的概念。但是，在概念内涵上已经将民事法律行为和法律行为等同起来，二者不存在实质性区别。① 萧规曹随，我们在聊民事法律行为的过程中，也不再区分这两个概念。简单粗暴地说，民事法律行为就是法律行为，这俩概念说的是一回事儿。

法律行为概念的产生可以追溯到罗马法时期。罗马法上尚未形成法律行为的抽象的一般性概念。罗马法仅承认单个的法律行为类型，它甚至没有规定普遍适用的债权合同，而仅规定了单一的债权合同类型，如买卖合同、租赁合同等。尽管行为（actus）和法律行为（negotium）的表述源于罗马法，但是它们却未被作为法律术语予以使用。《查士丁尼法典》同样维持这一状况。在欧洲法律发展中，这一状况一直持续到自然法时期。② 抽象的法律行为概念的形成得益于教会法对于世俗法的影响和注释法学派的贡献。教会法一直在尝试对宗教典籍中的教义作体系化规整，并将其转化为日常生活中可以实施的具体行为规范，这就产生了从抽象规范到具体规范方法；注释法学派对罗马法的学术化研究和

---

① 朱庆育：《法律行为概念疏证》，载《中外法学》2008年第3期；陈甦主编：《民法总则评注》（下册），法律出版社2017年版，第922—923页。

② ［德］弗卢梅：《法律行为论》，迟颖译，法律出版社2013年版，第32页。

追求条文间无矛盾的体系化解释，这又进一步完善了知识一般命题化的方法。我觉得吧，研究宗教典籍和罗马法文本的人很大程度上可能就是一拨儿人。这个判断应该不会差得太离谱。大伙儿想想，就欧洲中世纪那个兵荒马乱的年代，能吃饱，而且饱到能有精力研究与下一顿饭没啥关系的法律的人，除了教士还有谁？毫无疑问的是，自然法的思想对于法律行为概念和理论的形成发挥了不可忽视的作用。

法律行为概念的基础是格劳秀斯提出的"单方允诺"。这个概念被后人视为法律行为概念的原点。启蒙时期自然法思想带来的重要影响是，人们关于事物本质的思考开始从信仰转向理性。格劳秀斯的思想恰恰很好地契合了这个趋势。在格劳秀斯的单方允诺概念中，法律行为的拘束力来源于自然法上个人的自律。这个概念后来逐渐发展成近代意思表示和法律行为概念的基础。普芬道夫在霍布斯的影响下接受了格劳秀斯的单方允诺概念。需要说明的是，霍布斯对普芬道夫施加的影响绝对不是正面的。我们知道，霍布斯的"自然状态"是很恐怖的。按照霍布斯的观点，为了逃离噩梦般的自然状态，人们需要放弃部分原始权利。这种放弃不是权利的移转，而是抗辩的抛弃。霍布斯的自然状态显然没能让普芬道夫成为自己的门徒，反倒让普芬道夫感到非常不自在。普芬道夫觉得霍布斯的观点不大靠谱，知识分子做学问，没必要动刀动枪，搞得这么刺激。与霍布斯相比，普芬道夫的自然法思想平和得多，他对于单方允诺的论述同格劳秀斯更加接近。普芬道夫与格劳秀斯的区别在于，普芬道夫用双务契约代替了单方允诺作为主要的论说工具。如果说格劳秀斯用单方允诺开启了法律

第十六章 民事法律行为：提到括号前

行为概念的先河，那么普芬道夫就用双务契约构建起债权关系的一般体系。普芬道夫也因此被维尔亚克称为"民法总则之父"。虽然近代民法意义上总则编的内容并非全部来源于自然法思想。其中，关于人和物的规则被认为来自罗马法，法人和时效的规则来自教会法。但是，将上述内容整合起来的可以说是自然法学家，法律行为的概念完全出自自然法学家的创造。

法律行为概念的制度化来自潘德克吞体系。第一次使用法律行为这一术语的是历史法学派创始人之一的胡果，他用这个术语代替罗马法中的"适法行为"。第一位系统阐释法律行为这一概念的学者是海瑟。1807年，在《供学说汇纂教程所用的普通民法体系概论》一书中，海瑟不仅使用了这个概念，而且明确阐释其内涵。海瑟是胡果的得意门生。胡果曾说，"在整个法学史中，没有其他一部作品像这部作品一样，起了如此巨大的作用"。在该书中，海瑟提供了一个划分十分严格的目录。第一卷"总则学说"中，紧接着"权利"的是"行为"。在"行为"之下，有"意思表示"一章，其中有"法律行为专论"。值得注意的是，"意思表示"是在相对于"侵权行为"的意义上使用的。可见，当时学者们已经意识到了法律行为与侵权行为之间存在明确的差异。海瑟在书中详细地讨论了法律行为的一般意义、类型和构成条件，使其成为一般术语。海瑟第一次揭示了法律行为的意思表示属性。这里所谓的意思表示，不是生活中普通的意思表示，而是追求私法效果的意欲意思，即法效意思。在这部影响巨大的著作当中，海瑟首次区分了"法律行为"和"意思表示"。从1863年的《萨克逊民法典》到1900年的《德国民法典》和1912年的《瑞士民法典》

147

都带有海瑟观念中的潘德克吞色彩。

将法律行为理论进一步精致化的是大名鼎鼎的萨维尼。萨维尼在《当代罗马法体系》中将意思表示与法律行为作为同义语使用。在萨维尼那里,法律行为被定义为"行为人创设其意欲的法律关系而从事的意思表示行为"。[①] 萨维尼认为,处于法律世界中心地位的是人。法律的功能不仅在于形成秩序,更在于赋予个人自由的空间。萨维尼的观点显然受到了康德思想的影响。萨维尼将权利主体意志作为自由行为的核心。他将意思表示看作是关于所有权及他物权、债权、继承权、家庭关系等法律制度之全部形态的一般法律概念。要知道,在萨维尼所处的时代,这几乎就是民事法律关系的全部。意思表示因此成为统摄几乎所有民法规范和民法学知识的概念。经过海瑟和萨维尼在各自历史阶段当中的阐释,法律行为的概念最终在德国民法领域被正式确立起来。[②]

法律行为概念的提出与当时的浪漫主义有千丝万缕的联系。[③] 浪漫主义对法学的作用主要是通过作为中介的历史法学派完成的。历史法学派是浪漫主义的一个维度,也是浪漫主义的一个结果。浪漫主义的历史观最重要的特征是,强调历史的个性,尊重历史,以历史主义反对启蒙时期理性主义对历史的征服。理性主义强调要排斥和摒弃历史,因为历史是由具体事件组成的,在历史中很难发现先验的原理或规则,在具体历史中充斥着大量非理性的经验碎片,将其统合为精神的运行或者理性的传递都只是佞妄的呓

---

① 龙卫球:《民法总论》(第 2 版),中国法制出版社 2002 年版,第 475 页。
② 顾祝轩:《民法概念史·总则》,法律出版社 2014 年版,第 112—129 页。
③ 谢鸿飞:《论法律行为概念的缘起与法学方法》,载《私法》2003 年第 1 期。

第十六章 民事法律行为：提到括号前

语。因此，在理性主义的奠基者笛卡尔的体系中，历史是没有容身之地的。理性主义远离历史领域，怀疑历史而且对历史持否定态度，摒弃和排斥历史。不能被严格证明或者还原为自明公理和逻辑证明的知识，都应该被排除。历史主义正好相反，其基本原则是强调历史权利而不是自然权利，历史法则优先于理论规则，事实先于理论。历史法学派的首要观点也是，不存在普遍性的自然法或者理性法。历史不是"如实直书"般的重建过去，而主要是一种解释科学，这是狄尔泰和新康德主义者精神科学的精髓，如狄尔泰的体验要求研究者的移情、理解与想象。① 萨维尼的著作可以说最为集中地体现了这种观念。他的《论立法与法学的当代使命》一文实际上就是浪漫主义的古希腊艺术观念在法律领域的运用。② 通过对罗马法史的考证，萨维尼强调直到近代国家建立，罗马法始终都是延续的；他认为法律是被创造出来的，与民族息息相关。历史法学派把"研究起源变成了自己的口号，它使自己对起源的爱好达到了极点，它要求船夫不沿着河航行，而沿着河的起源航行"。③ 浪漫主义对人文社会科学的直接影响是形成了德国的精神科学。这种精神科学的观念和方法运用到私法中人的行为的规制方面，加上理性法学派体系化方法的运用，必然会产生法律行为这一概念。

萨维尼对法律行为的定义为后来的民法学家们所接受。拉伦

---

① 李红宇：《狄尔泰的体验概念》，载《史学理论研究》2001年第1期。
② ［英］古奇：《十九世纪的历史学与历史学家》（上），耿淡如译，商务印书馆1997年版，第143页。
③ 马克思：《法的历史学派的哲学宣言》，载《马克思恩格斯全集》第1卷，人民出版社1956年版，第97页。

茨将法律行为定义为，一个人或多个人从事的一项行为或若干具有内在联系的行为，其目的是引起某种私法上的法律后果，亦即使个人与个人之间的法律关系发生变更。[1] 从这两个立场相近的定义当中，我们不难看出德国民法上界定法律行为的核心要素有两个，一是存在将内心意思表达出来的行为，二是这个行为的目的在于发生私法上的效果。这种思路经过演绎和发展，催生了负担行为和处分行为这对让法科生们十分头痛的概念。在此基础上，物权行为的独立性和无因性成了德国民法理论的必然结论，并对法科生们的发量提出了没啥悬念的挑战。说到这里，我们不得不提及日耳曼人做生意的奇葩姿势。日耳曼人做买卖的方式很有个性，要么动手，要么发誓，还有扔棍子的。总之，是要有个特定的形式。这种极度强调交易行为仪式感的做法对后世影响极大，形式主义的交易规则就是打这来的。大名鼎鼎的"以手护手"规则也是从这儿出来的。所以，你要是看见俩德国人勾肩搭背地指天指地，嘴里嘟嘟囔囔地说个没完，十有八九是在讨价还价。当然，这俩哥们儿也可能是啤酒喝多了，跟那儿吹牛呢。这个"以手护手"的规则换了几次"马甲"之后，成为我们很熟悉的善意取得制度。其中的底层逻辑，离不开对负担行为和处分行为的区分。

作为德国学者创造的法律术语，法律行为及其理论在大陆法

---

[1] ［德］拉伦茨：《德国民法通论》（下册），谢怀栻等译，法律出版社2004年版，第426页。

第十六章　民事法律行为：提到括号前

系中民法的位置极其显赫,[1] 被誉为"民法规则理论化之象征"。[2]《法国民法典》与潘德克吞体系毫无关联，自然不存在法律行为和意思表示这样的概念。与《德国民法典》相对应的法律行为的条文散布于《法国民法典》的不同编章当中。例如，第 1108 条至第 1117 条规定了契约缔结与意思瑕疵的内容，第 1123 条至 1125 条规定了行为能力制度，第 1156 条至第 1164 条规定了契约的解释等。17 世纪的多马（Domat）和 18 世纪的朴蒂埃（Pothier）分别完成了意思主义的契约法理论。他们的理论被《法国民法典》采纳。多马首次提出了关于"合意"的定义。按照多马的观点，合意一旦形成，其内容对当事人而言相当于法律。如果没有双方共同的同意，将无法被撤销。这也是《法国民法典》第 1134 条的原型。[3] 但是也有学者认为，法律行为原理的作用并不像我们想象得那么大。各种交易只有一项因素是共同的，即"表示"。用法律行为概括不了包括物权移转行为、双务合同、财产让与行为、有法律效力的单方意思表示等概念。作为德国法上的一个人为概念，法律行为并不是一项非常有用的对私法社会秩序的认知工具。[4] 不管怎样，法律行为依旧是民法最为重要的理论和制度。

国内出版的民法著作当中，最早提及"法律行为"德文来源

---

[1]　谢鸿飞：《论法律行为概念的缘起与法学方法》，载《私法》2003 年第 1 期。
[2]　董安生：《民事法律行为——合同、遗嘱和婚姻行为的一般规律》，中国人民大学出版社 1994 年版，前言，第 1 页。
[3]　顾祝轩：《民法概念史·总则》，法律出版社 2014 年版，第 138 页。
[4]　K. Zweigert & H. Koetz, *An Introduction to Comparative law*, Vol. 2, tr. By Tony Weir, 2nd. Clarendon Press, Oxford 1987, p. 5—6.

的，似当属佟柔、赵中孚与郑立主编的《民法概论》。[①] 其中，关于法律行为的说法是："1805年，德国法学家贺古（今译胡果）为了解释罗马法，使其适合于资产阶级法学的要求，首创'法律行为'之名，以后遂为各国法律所沿用。"[②] 从此之后，关于法律行为的研究成果汗牛充栋，法科生的发际线也随之"高歌猛退"。

意思表示

法律行为与意思表示之间的关系始终是人们关注的重点。除了其他构成要件，法律行为中包括至少一个意思表示。法律规范将这些构成要件与其所希望的法律结果的出现联系在一起。[③] 法律行为与意思表示这两个概念之间的区别非常微妙。德国人跳跃式地混用这两个概念，这表明法律行为与意思表示这两个概念的区别微乎其微。[④] 作为旨在达到某个法律后果的私人的意思表达，[⑤] 意思表示当然是一种行为。民事主体从事这种行为的目的是将内心生活的某个过程告诉大家。[⑥] 温德沙伊德因此断言，法律行为就是意思表示。人们表达了发生特定法律效果的意思，法律秩序之所以承认该法律效果，是因为法律行为的行为人希望发

[①] 朱庆育：《法律行为概念疏证》，载《中外法学》2008年第3期。
[②] 佟柔、赵中孚、郑立主编：《民法概论》，中国人民大学出版社1982年版，第53页。
[③] ［德］汉斯·布洛克斯、沃尔夫·迪特里希·瓦尔克：《德国民法总论》（第33版），张艳译，中国人民大学出版社2014年版，第75页。
[④] 李永军：《从〈民法总则〉第143条评我国法律行为规范体系的缺失》，载《比较法研究》2019年第1期。
[⑤] ［德］汉斯·布洛克斯、沃尔夫·迪特里希·瓦尔克：《德国民法总论》（第33版），张艳译，中国人民大学出版社2014年版，第68页。
[⑥] ［德］拉伦茨：《德国民法通论》（下册），谢怀栻等译，法律出版社2004年版，第453页。

第十六章　民事法律行为：提到括号前

生这一法律效果。① 弗卢梅的观点则更加简单粗暴，他说，温德沙伊德说得对！②

就理论而言，意思表示的概念与学说汇纂体系的产生密切相关。关于意思表示的理论直到 18 世纪才形成。③ 有意思的是，学说汇纂体系并未遵循《学说汇纂》的体例安排。关于意思表示的理论能够作为一种成形的法学理论，并在近现代法学中风头无两，还应该归功于萨维尼。萨维尼将"法律行为"与"意思表示"作为同义词来使用。④ 萨维尼认为，意思表示是导致法律关系发生和消灭的事件，它因此是法律事实的一般概念。考察法律关系应该从这个一般概念出发。在此法律事实之下，他提出了法律伙伴（Rechtsgenossen）⑤ 的"自由行为"理论，并将这种自由行为分作两类：第一类直接指向法律关系的设立和消灭，如交易行为；第二类指向其他非法律目的，其法律后果或者完全无意识，或者是法律所拒绝的，如侵权行为。⑥ 法律行为共同特征是，人们以意思自治的方式通过制定规则形成法律关系的设权行为。虽然每一个具体法律行为之间存在巨大差异，但这个共同特征使它们统一起来，并且在法律上将它们与其他具有法律意义的事件和行为

---

① ［德］梅迪库斯：《德国民法总论》，邵建东译，法律出版社 2000 年版，第 190 页。
② ［德］弗卢梅：《法律行为论》，迟颖译，法律出版社 2013 年版，第 29 页。
③ ［德］弗卢梅：《法律行为论》，迟颖译，法律出版社 2013 年版，第 32 页。
④ ［德］弗卢梅：《法律行为论》，迟颖译，法律出版社 2013 年版，第 34—35 页。
⑤ 德文"Rechtsgenossen"，是萨维尼自己提出的一个概念，后来并没有得到广泛使用。这里权将其译作"法律伙伴"，意指处在共同或相关法律关系甚至法律秩序之下的人。德文"Genossen"有"同志"的意思，但按照中文的理解和表达习惯，这里显然不是指"同志"的关系状态。米健：《意思表示分析》，载《法学研究》2004 年第 1 期。
⑥ 米健：《意思表示分析》，载《法学研究》2004 年第 1 期。

区别开来。①

　　就立法而言,意思表示首次出现在普鲁士普通邦法中,该法典一个小节专门对意思表示作出了规定。这样的立法体例首开将"意思表示"纳入法典之先河。而将意思表示在法典中予以规定,意味着普鲁士立法者把"意思表示"当作一个一般予以承认的法律制度。这样一种外在化的人类意志由此成为一个独立的法律范畴。② 以意思表示为核心的法律行为规则就此成为制定法的重要组成部分。

　　意思表示作为人的内心活动的外部传达或宣示,必然要引出意思与表示是否一致,以及两者不一致时如何对已有意思表示进行评价的问题。解决这个问题的关键是如何理解意思与表示在法律关系中的实质作用及其相互关系。较可取的做法是认为意思表示的内容与效力应该通过规定性的表示获得。③ 这种思路在区分意思表示中的主观要件和客观要件地位基础上,对比二者效力,进而得出对于意思表示的效力评价结论。主观要件是意思表示中的根本要素。意思表示的实现首先要明确其直接目的何在,即行为意思;其次是如何参与或实现,即表示意思;然后是法律上的后果,即交易意思。④ 意思表示的实质部分是行为意思,没有行为意思不发生意思表示。客观要件即表示要件。所谓表示要件,就是意思表示可以为人们认识感觉的外部表达。它具体表现为,

---

① [德]弗卢梅:《法律行为论》,迟颖译,法律出版社2013年版,第37页。
② 米健:《意思表示分析》,载《法学研究》2004年第1期。
③ 米健:《意思表示分析》,载《法学研究》2004年第1期。
④ 胡长清:《中国民法总论》,中国政法大学出版社1997年版,第223页。

第十六章 民事法律行为：提到括号前

明示、推断表示和默示。对于主观要件与客观要件之间的关系，学者有不同的观点。冯·图尔认为表示是一个为达到特定目的而进行的行为，是要把一种内心活动引荐给同类。这其中暗含的前提是表示与意思之间并不存在必然联系。而萨维尼则认为，意思是内在的、不可见的事物，使意思得以对外宣示的表达就是表示。意思与表示的一致是它们的必然联系。但是，意思与表示之间存在一种必然的关系，并不意味着意思和表示总是一致。萨维尼虽然把表示视为意思对外宣示的手段或方式，但并不是说前者就是后者。于是，接下来的问题就是主观要件与客观要件的地位如何判断。或者说，意思与表示不一致的，咋整。概括起来，主要有三种立场：意思说、表示说和效力说。

意思说认为，意思表示形成的决定性根据是意思要素。从19世纪的普通法直到德国民法典公布实施之初，意思说在德国民法学中居主导地位。而表示的作用只是使内在的意思，即一个既有的内心事实予以公开。萨维尼、温德沙伊德和齐特尔曼等均持此观点。

表示说认为，意思表示的法律后果所据以发生的基础是意思表示受领人能够根据表意人已做出的表示来做出判断并设立与之相应的关系，即使该表示与表意人的意思相去甚远，甚至该意思根本就不存在。从19世纪下半叶开始，表示说渐渐产生。这种学说的出发点是要保护意思表示受领人。持表示说的学者中并没有一个像萨维尼和温德沙伊德那样的领军人物，持此主张的主要有科勒、莱昂纳德、贝尔及丹茨等。

效力说认为，意思表示的法律后果既不单纯取决于意思，也不单纯取决于表示,而是意思和表示共同作用的结果。以效力理论的形成是效力说的标志。一方面,意思表示实际上应该作为"效力表示"来理解;另一方面,法律交往的安全性也要求尽可能不去考虑尚未表达出来的意思。就当今德国法学与实践而言,有关意思表示的主流观点不是以意思表示二元主义为基础的意思说或表示说,而是以意思表示一元主义为基础的效力说。

说了这么多,我们不难看出,民事法律行为的制度和理论被德国人搞得极为精致复杂。其实,这项制度想要完成的任务很简单,就是让民事主体可以在法律规定的范围内为所欲为。这事儿说起来简单,做起来难。主要的难题有两个,一是要确定民事主体的行为内容,二是要对民事主体的活动施加限制。

确定民事主体的行为内容其实就是确定其意思表示的内容。就为这,德国人搞出了意思说、表示说和效力说。除此之外,还有我们没来得及聊的主观主义和客观主义,以及各个学说之下的分支。搞清楚别人心里想的什么很难吗?很难。白月光还是饭粘子,朱砂痣抑或蚊子血。人家啥也不说、啥也不做,我们的确不好搞清楚。那么,我们绝对无从了解别人的内心吗?也不是。言为心声,字为心画。听其言,观其行,肝肺如见。对于这一点,拉伦茨在说明其作为德国民法通说的效力表示说的时候,讲得非常清楚。意思表示是一种以特定法律效果为内容的意志表达。也就是说,意思表示中所体现的是表意人所欲的法律效果,这可不是什么关于主观意志的通知,而是针对效力的表示。按照这样的立场,我们可以很轻松地得出这样一个结论:意思表示中的表示有重要的法律意义。我们知道,表示的法律效果要么来自民事主体的意志,要么来自制定法的规范。而意志的法律效果显然来自制定法的认可。那么,我们可以就此认为,行为的法律效果来自制定法的赋予。民事主体的主观意志与法律效果之间并不存在直接的联系。理由在于,主观意愿在被表示现实化之前,不可能进入法律的视野;而主观意愿在被表示现实化之后,就成了效力表示。① 也就是说,民法压根没打算窥视当事人的内心,你表示出来的是什么就是什么。至于你心里想的是啥,只要没表示出来就无所谓。于是,这里就有了一个悖论。我们前面说过,尊重并维护民事主体的主观意志是民法的一项重要任务。怎么到了这里就又变得无所谓了呢?原因在于,民事主体通过行为表现出来的意思,应当是其想要对外界展示的意思。这个道理很简单,心里有话,说不说、说多少、怎么说全在自己。没说明白,怨谁?还是怨自己。所以,民法尊重和维护的是民事主体表达出来的主观意志。当民事主体的意思与表示不一致的时候,我们要面对的其实是另一个问题:归责。

对民事主体的活动施加限制其实就是确定强制性规定与公序良俗的作用范围。我们都知道,任何人都做不到绝对意义上的为所欲为。所以,民事主体的为所欲为一定有范围。在这样一个确定的范围内,民事主体可以为其所欲为;在这个确定的范围之外,民事主体的行为就要受到其主观意志之外的其他因素的限制。这个限制主要来自两个方面,一是强制性规定,二是公序良俗。强

---

① [德]拉伦茨:《法律行为解释之方法:兼论意思表示理论》,范雪飞、吴训祥译,法律出版社2018年版,第59页。

制性规定对于民事法律行为效力的影响由来已久,随着概念法学的衰落以及利益法学和评价法学的兴起,法官的工作不再是消极地进行要件归入,并在此基础上给出结论的自动售货机,而是需要在利益分析和价值分析的基础上,将规范背后的评价标准具体化。[1] 虽然司法文件对强制性规范的二分法引发了争议,[2] 但是将强制性规范做效力性和管理性的区分依旧获得了部分学者的支持,并形成了利益说[3]、目的说、[4] 对象说[5]和综合说[6]等主张。一种极具理论竞争力的新观点认为,在考虑其他部门法强制性规范与合同法之间的作用介面(又称法域介面,是指不同部门法之间的耦合介面)[7] 时,通过选择并转移强制性规范的作用介面,综合考虑其他部门法与合同法的全部介面并做出合理的界面选择,以确立适当的强制区间。根据全介面理念,可以将其他部门法作用于合同的强制性规范分为缔约性强制规范、效力性强制规范与履行性强制规范,分别指向其他部门法中针对缔约介面并导致缔约过失责任的强制性规范、针对效力介面并导致合同效力瑕疵的强

---

[1] 刘凯湘、夏小雄:《论违反强制性规范的合同效力——历史考察与原因分析》,载《中国法学》2011年第1期。
[2] 王轶:《合同效力认定的若干问题》,载《国家检察官学院学报》2010年第5期。
[3] 王利明:《合同法研究》(第1卷)(第3版),中国人民大学出版社2015年版,第633页;耿林:《强制规范与合同效力——以合同法第52条第5项为中心》,中国民主法制出版社2009年版,第208页。
[4] 朱庆育:《〈合同法〉第52条第5项评注》,载《法学家》2016年第3期。
[5] 王轶:《民法典的规范配置——以对我国〈合同法〉规范配置的反思为中心》,载《烟台大学学报(哲学社会科学版)》2005年第3期。
[6] 石一峰:《效力性强制性规定的类型化分析》,载《武汉大学学报(哲学社会科学版)》2018年第2期。
[7] 苏永钦:《夏虫语冰录(一二五)——法域介面解释学》,载《法令月刊》2018年第6期。

制性规范以及针对履行介面并导致履行障碍的强制性规范。① 公序良俗对于法律行为的限制我们已经聊过了。简单来说，在民事主体意思自治的范围之外，强制性规定和公序良俗对于民事主体的行为发挥着限制作用。尤其值得注意的问题在于，民事主体意思自治的范围其实非常有限。尤其是随着社会发展，人与人之间的联系变得越来越紧密，一个人的行为几乎不再可能不会对他人造成任何影响。即便是仅存在于合同当事人之间的约定，也可能影响合同当事人之外的第三人。于是，强制性规定和公序良俗会越来越深入地介入民事主体的各类活动当中，与之相应，民事主体可以享有的绝对自决的空间则相应受到压缩。

民事法律行为的特征

在了解了民事法律行为的概念之后，我们要聊一聊它有哪些不同于其他民法概念的特点。一般认为，民事法律行为有三个方面的特征，一是以发生民事法律后果为目的；二是通过意思表示实施；三是法律效果为当事人所欲。

第一，民事法律行为是民事主体实施的以发生民事法律后果为目的的行为。我们称之为有意为之。民事法律行为必然有其特定目的，至于这个目标能否实现并不会影响目标的存在。比如，我们都想成为一个优秀的人，这就是我们的目标。但是，这个目标却未必能够实现。一个人很有可能在追求卓越的过程中滑向一个与自己的初衷完全不同的方向。需要注意的是，即便我们未能

---

① 陈醇：《跨法域合同纠纷中强制性规范的类型及认定规则》，载《法学研究》2021年第3期。

达成自己的目标，但是法律行为的实施也可能产生某种结果。而这个结果，也很有可能需要由那个实施行为的人来承受。此外，民事法律行为是民事主体实施的行为，非民事主体实施的行为即便能够产生民法上的效果，但不属于民事法律行为。这里所说的民事法律后果包括民事法律关系的设立、变更和终止。设立民事权利义务关系，是指当事人通过民事法律行为旨在形成某种法律关系，从而具体地享受民事权利、承担民事义务。变更民事权利义务关系，是指当事人通过民事法律行为使原有的民事法律关系发生变化。终止民事权利义务关系，是指当事人通过民事法律行为消灭原法律关系。

第二，民事法律行为是通过意思表示而实施的行为。我们称之为以意为之。法律行为与意思表示之间紧密而微妙的关系我们已经聊过了。可以确定的是，法律行为的实施离不开意思表示。作为向外部表明意欲发生一定私法上效果之意思的行为，当事人的意思表示能否在当事人之间产生拘束力，是民事法律行为和事实行为的区别所在。也就是说，拘束力来自意思表示的，属于法律行为；拘束于来自法律规定的，属于事实行为。

第三，民事法律行为是能够产生当事人预期的法律效果的行为。我们称之为意欲为之。法律行为所产生的结果往往是行为人所欲的结果。我们知道，民事法律行为能够引起民事法律关系的变动。而且，民事法律行为仅能引起私法上的效果。更为关键的是，民事法律行为能够引起当事人希望发生的私法效果，让特定的民事法律关系产生、变更或者消灭。

民事法律行为的类型

按照实施法律行为的人数，可以将法律行为分为单方法律行为、双方法律行为和共同法律行为。单方法律行为，又称一方行为，是指根据一方的意思表示就能够成立的行为。换言之，是指某个人依据其意志而从事的能够发生法律效果的行为。单方法律行为包括，因行使个人权利而实施的单方行为，该行为仅发生个人的权利变动，如先占、抛弃等；涉及他人权利得丧变更的单方行为，如形成权的行使等。也就是说，单方行为是根据一个人的意志就能够发生法律效果的行为。而受此行为影响的人可能只有一人，也可能是多人。双方法律行为，是指双方当事人意思表示一致才能成立的法律行为。双方法律行为的典型形式是合同。合同，是指平等主体的自然人、法人和非法人组织之间设立、变更、终止民事权利义务关系的协议，是一种发生民法上效果的合意。双方行为需要双方当事人达成共识才能发生法律效力。多方法律行为，又称共同法律行为，是基于两个或两个以上共同的意思表示一致而成立的法律行为。如设立公司章程、合伙合同等。多方行为需要数个行为人形成共同意志才能发生法律效力。

按照实施法律行为的程序，可以将法律行为分为一般民事法律行为与决议行为。决议行为采多数决，对未表示同意者亦有拘束力，无法直接适用以个人意思自治为核心的既有法律行为规则。① 基于这样的特殊属性，决议可以被看作意思形成的制度。②

---

① 徐银波：《决议行为效力规则之构造》，载《法学研究》2015 年第 4 期。
② 陈醇：《意思形成与意思表示的区别：决议的独立性初探》，载《比较法研究》2008 年第 6 期。

161

决议行为是构建团体法私法评价体系的线索与纽带。[①] 决议行为因此不适用于自然人,在遵循特定程序的前提下对未参与决议的当事人亦发生法律效力。

按照实施法律行为是否获得对价,可以将法律行为分为有偿法律行为与无偿法律行为。有偿法律行为,是指一方通过履行法律行为规定的义务而给对方某种利益,对方要得到该利益必须为对待给付的法律行为。无偿法律行为,是指一方给付对方某种利益,对方取得该利益时并不需要为对待给付的法律行为。

按照实施法律行为是否需要意思表示之外的成立要件,可以将法律行为分为诺成法律行为与实践法律行为。诺成法律行为,是指当事人一方的意思表示一旦经对方同意即能产生法律效果的法律行为,即"一诺即成"的行为。实践法律行为,又称要物法律行为,是指除当事人双方意思表示一致以外,尚须交付标的物才能成立的法律行为。诺成法律行为与实践法律行为的主要区别在于,二者的成立与生效的时间是不同的:诺成法律行为自双方当事人意思表示一致(达成合意)时起即告成立;而对实践法律行为而言,在当事人达成合意之后,还必须由当事人交付标的物,该法律行为才能成立。

按照实施法律行为是否需要特定形式,可以将法律行为分为要式法律行为与不要式法律行为。要式法律行为,是指应当根据法律规定或当事人约定的方式而实施的法律行为。不要式法律行

[①] 吴飞飞:《决议行为归属与团体法"私法评价体系"构建研究》,载《政治与法律》2016 年第 6 期。

为，是指当事人实施的法律行为依法并不需要采取特定的形式，当事人可以采取口头方式、书面形式或其他形式。要式法律行为与不要式法律行为的区别在于是否应以一定的形式作为法律行为成立或生效的条件。

按照法律行为是否能够独立存在，可以将法律行为分为主法律行为与从法律行为。主法律行为，是指不需要其他法律行为的存在即可独立存在的法律行为。从法律行为，就是以其他法律行为的存在为存在前提的法律行为。从法律行为的主要特点在于其附属性，即它不能独立存在，必须以主法律行为的存在为前提。

按照法律行为的效力是否依赖于原因行为，可以将法律行为分为无因行为和有因行为。无因行为，又称为不要因行为，是指不以原因行为的存在为有效要件的行为。有因行为，是以原因之存在为有效要件之行为。所谓原因，是指法律行为的目的。区分有因行为和无因行为的意义主要在于，在法律行为中将无因行为抽象出来。由于无因行为不考虑其交易目的，因此对于保护交易安全具有重要的作用。

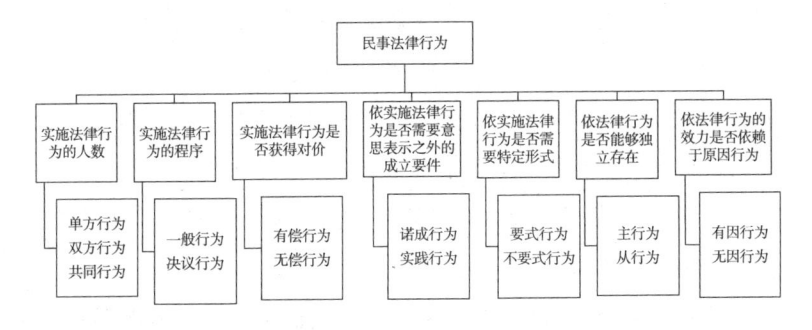

```
                           民事法律行为
        ┌──────┬──────┬──────┬──────┬──────┬──────┬──────┐
     实施法律  实施法律  实施法律行为  依实施法律行  依实施法律  依法律行为  依法律行为的
     行为的人数 为的程序  是否获得对价  为是否需要意  行为是否需  是否能够独  效力是否依赖
                                    思表示之外的  要特定形式  立存在     于原因行为
                                    成立要件
        │      │      │           │          │         │         │
     单方行为  一般行为  有偿行为   诺成行为    要式行为   主行为    有因行为
     双方行为  决议行为  无偿行为   实践行为    不要式行为 从行为    无因行为
     共同行为
```

163

民事法律行为的形式

民事法律行为的形式，又称民事法律行为的成立方式，即当事人意思表示的外在表现形式。民事法律行为的形式包括，法律规定的形式和当事人约定的形式。一般来说，法律行为的形式有三种，书面的、口头的和其他的。书面形式，是指以文字等可以再现民事法律行为内容的形式。书面形式主要是指合同书、信件、电报、电传、传真等，还包括微信、QQ等网络通信手段。口头形式，是指当事人通过口头对话的方式实施民事法律行为。在社会生活中，口头形式是最普遍采用的合同订立方式。其他形式，是指以书面和口头以外的行为方式缔约的形式。其他形式主要是指默示形式，是指当事人不是通过语言或者文字的方式来作出，而是通过一定行为作出意思表示。

被调整的关系与被评价的行为

只要我们稍加留意，就不难发现一个很有趣的现象，民法调整的是平等主体之间的民事法律关系，却愿意花很大力气去琢磨导致民事法律关系产生、变更和终止的原因：法律事实。民法既然以民事法律关系为调整对象，那么民法为什么没有专注民事法律关系的各项要素及其保护，反而"不务正业"地去琢磨法律事实？我们知道，法律事实是已经发生的客观事实，无从改变。在作为一种客观存在的法律事实面前，民法似乎很难有所作为。既然法律事实不能被改变，就只能被接受。那么，民法还想（能）对事实做些什么呢？

有句老话叫"人言可畏"。我们都生活在一定的社会环境当中，这意味着我们需要和其他人打交道。在这个过程中，我们几

第十六章 民事法律行为：提到括号前

乎不可避免地要做出评价，也需要接受评价。我们评价的对象既包括实施行为的人，也包括行为的对象，当然包括行为本身。举个简单的例子，妻子在网上买了件衣服，她会问自己的丈夫，这衣服怎么样？这是一个非常微妙的问题。我想任何一位有求生欲的丈夫都不会天真地认为，这个问题用"挺好"俩字就能糊弄过去。这个评价同时涉及行为的主体、客体和内容。就主体而言，评价要考虑妻子对衣服的选择是不是有效地彰显了她卓尔不群的穿搭技巧和不凡衣品。就客体而言，评价要考虑这件衣服是不是有效地彰显了妻子外在的盛世美颜和内在的温婉气质。就内容而言，评价要考虑的是妻子的购物过程是不是体现了妻子科学的消费理念和高超的交易技巧。看到了吧，评价的对象看似是行为，其实指向的是实施行为的人。"挺好"就是"不够好""还差那么一丢丢"，那么接下来的问题就很简单了，"你说说，我差在哪了？"兄弟们，相信我，这绝对不是一个你想面对的问题。所以，能说出"有点显胖"这四个字的丈夫才是真的猛士，他（天真地认为自己）看到了问题的本质，敢于直击痛点，更敢于面对惨淡的人生。语言是有力量的，体现着无畏的胆量和孤绝的气质。对这样的朋友，我除了佩服只有祝福。兄弟，听过来人一句，甭管多贵的沙发，睡多了腰都会疼，真的疼。同林鸟尚且如此，路人之间的评价怕是要复杂许多，但指向的对象是一致的。现在知道评价到底是在评价啥了吧。评价指向法律事实。

有种态度叫"我行我素"。总有人认为自己能够超脱于外界的评价之外。你说你的，任尔东西南北风；我干我的，咬定青山不放松。如果真的能够做到这一点，这个策略无疑是有效的。听从自己的内心当然没问题，从心未必就是"怂"。问题是，一个人从心并不意味着这个世界上所有人都从心。贾宝玉是个从心的人，他幸运地遇到了同样从心的黛玉。但是，这并不妨碍不从心的宝钗拉着袭人"好言相劝"。毕竟，更多的人是关心别人对自己的评价的。这意味着，这位不在乎外界评价的人几乎一定会被评价。即便这些评价不会影响这个人，但是会影响和他打交道的以及可能和他打交道的人。现在知道评价有啥用了吧。评价塑造社会关系。

所以，民法想（能）对事实做些什么呢？答案是，评价。民法调整的是民事法律关系，也要去评价民事法律行为。通过对行为的评价，民法得以对关系施加实质性的影响。这种影响能实质性到什么程度呢？评价不能否定行为的存在，却能够否定关系的效力。这种否定又能达到什么程度呢？否定的评价能让关系在物理上如同从未发生。看吧，这就是评价的力量。

事实判断与价值判断

法律行为的成立和生效分别表征着对于法律行为的在事实层面和价值层面作出的判断。

法律行为的成立，是指当事人就民事法律关系的产生、变更和消灭做出了一定的意思表示或意思表示一致。[1] 按照《民法典》第134条的规定，我们把法律行为分为单方行为、双方行为和多方行为。不同类型法律行为的成立需要满足不同的条件。

---

[1] 王利明、杨立新、王轶、程啸：《民法学》（第6版）（上册），法律出版社2020年版，第189页。

第十六章 民事法律行为：提到括号前

单方行为被区分为需要受领的单方行为和无须受领的单方行为。需要受领的单方行为的成立需要当事人做出的意思表示到达受领方。这里的到达是进入受领方的理解领域之内，受领一方是否同意，并不会影响行为的成立。生活中常见的情况是赠与。例如，某个明星在微博上说自己要给某地生活困难的孩子们捐赠学习资料，粉丝们再疯狂地作数据、冲热搜都没用，受赠的孩子们或者能够代表这些孩子们的人或组织知道这个捐赠的意思表示才有用。无须受领的单方行为的成立只需要当事人做出意思表示。这种行为在生活中很常见，例如，寻找遗失财物或者宠物的悬赏广告。只要悬赏人把悬赏广告贴出来（做出悬赏的意思表示），这个行为就成立了。其他人是否知道这个悬赏广告的存在，并不影响这个广告的效力。所以，《民法典》第317条第2款才会规定"权利人悬赏寻找遗失物的，领取遗失物时应当按照承诺履行义务"。拾得遗失物的人是否知道悬赏广告的存在，不会影响悬赏人按照承诺履行义务。

双方行为和多方行为的成立则需要意思表示的一致。也就是说，这样的行为需要当事人就特定事项达成共识。这种行为在生活中就更常见了。例如，各种类型的合同。以我们最常见的买卖合同为例，一方当事人所做的意思表示显然不能产生合同，只有双方当事人就买卖所涉及的各种事项达成一致，合同才能成立，否则买卖就变成强买强卖了。这里面的道理很简单。比方说，我有一台二手车要卖。这车可能值五万块，我偏偏要价十万。这个价格只有得到对方接受之后才有法律效力，否则就变成了我说多少钱就要卖多少钱，少一毛也不行。这不就变成强买强卖了吗？

这样的行为显然不可能得到立法的认可。

多方行为的成立与双方行为类似，就是几个人凑在一起共同完成一件事情。典型的情况就是合伙。例如，三个人共同出钱买了台汽车，跑网约车。三个人三班倒，多拉快跑月底分钱。大家心往一处想，劲往一处使。多方行为的当事人就同一事项达成一致，并为之实施特定行为。

多方行为中有一种很特别的情况，民法称之为决议。决议一般发生在公司之类的民事组织体当中，自然人独立实施的法律行为不涉及决议的问题。决议当中的意思表示一致并不要求所有参加决议的人都达成共识，只要达到决议规则所设定的多数意见，决议即可成立。决议行为的典型例证是公司中的股东大会。股东大会所形成的决议往往适用"多数决"的规则，一股代表一票。也就是说，只要掌握多数股份的股东达成一致就能够做出决定了。对这种情况，有一个我们很熟悉的说法，叫作"少数服从多数"。所以，在公司当中拥有50.1%，或者50.01%的股权就能够掌握公司的绝对控制权。在公司中，不是少数人服从多数人，而是少数股权服从多数股权。当然，这样的规则建立在"同股同权"规则的基础之上。公司法上还有另一种规则叫作"同股不同权"，股份占比较少的股东反而拥有更大的决策权。

我们不难看出，法律行为的成立很容易。民法并没有给法律行为的成立设定非常严苛的条件。立法者之所以选择这样的立场，原因在于，法律行为的成立是一个事实判断。一个行为要么做了，要么没做。行为成立与否属于客观事实，这是一个全有或者全无的判断。任何人的主观意志都不可能改变已经发生的客观事实，

第十六章 民事法律行为：提到括号前

我们能做的只有接受。在接受法律行为的存在之后，我们要聊的是法律行为的生效。这就属于价值判断了，也就是我们前面说的评价。到这里，我们不难看出民法使用了一种非常有效的策略。立法者为法律行为的成立设定了非常宽泛的条件。这样一来，更加宽泛的范围内的行为就能够被纳入民法评价对象的范围，而行为一旦需要被民法评价，也就意味着更为广泛的关系可以被民法调整。民法从而能够对社会生活当中方方面面的民事法律关系施加实质性影响。至于这种实质性的影响对于社会生活的介入程度有多深，则完全取决于立法者的态度。这其中反映的就是立法者对于私的法律关系的容让度和社会治理智慧。多数时候，立法者对于社会关系的介入不会很深。你情我愿的事情，立法者自然没必要去干涉。但是，一旦涉及社会公共利益或者触碰社会道德的底线，立法者在施加干预的时候也不会犹豫。

法律行为的生效，是指已经成立的法律行为因符合法定的生效要件，从而产生法律上的约束力。[①] 这里的法律上的约束力包含两方面的含义。一是私法上的效力。也就是说，这个约束力是在私法领域之内的，同样一个行为也可能引发公法上的效果，但这事儿民法不管，真出事儿的时候隔壁刑法和对门行政法自然会站出来。二是民事主体所欲的效力。这个效力约束因法律行为而生的法律关系的当事人，也就是说，单方行为的约束力限于实施法律行为的人，双方行为和多方行为的约束力则涵盖各方当事人。

[①] 王利明、杨立新、王轶、程啸：《民法学》（第6版）（上册），法律出版社2020年版，第205页。

需要注意的问题是，法律行为能够产生法律上的约束力看似基于当事人的意志，但是法律行为的效力在实质上不仅来自当事人的意志，更来自法律的赋予。① 只有那些符合国家意志和社会利益的行为才能够得到立法者的认可，也因此能够获得法律上的约束力，从而能够得到国家强制力的保护。之所以如此，一方面是由于，私人意志需要得到国家的认可才能获得国家力量的背书。国家不予认可的私人意志没有得到强制执行的可能。例如，我们都知道欠债要还钱，但是因赌博而产生的债权就得不到民法的保护。一般来说，这种债也不会有啥法律来保护。其中的原因就在于国家反对赌博，自然也就不会保护赌债。另一方面是由于，现代国家私法制度的一项重要任务就是通过规则设计更大程度地尊重和维护私人意志。私法自治或者意思自治也因此一直是民法的一项基本原则。例如，合同签好之后，当事人必须严格遵守，轻易不能变更，更不能解除。除非，取得对方当事人的同意，或者出现法律规定的事由。

法律行为的成立和生效之间的核心差异在于，法律行为的成立是一个事实判断，而法律行为的生效则属于价值判断。具体来说，二者的区别体现在这样六个方面。第一，行为的成立需要当事人做出意思表示，而生效则是对意思的评价。第二，法律行为的成立作为事实判断，是个全有或者全无的概念，也就是说，行为要么成立，要么不成立，不存在中间状态。法律行为的生效作

---

① 王利明、杨立新、王轶、程啸：《民法学》（第 6 版）（上册），法律出版社 2020 年版，第 205 页。

第十六章　民事法律行为：提到括号前

为价值判断，会有很多结论，在有效和无效之外还有效力待定和可撤销。第三，法律行为成立要比法律行为生效容易得多。成立只需要人和人的想法，生效需要满足主体适格、意思表示真实、不违反强制性规定和公序良俗三个条件。要满足这三个条件都不容易，后面我们会聊到。第四，法律行为的成立取决于当事人的主观意志。法律行为的生效则取决于立法者的意志。第五，法律行为的成立并不需要前提，这是个从无到有的过程。法律行为的生效则必须有前提，这个前提就是一个已经成立的法律行为。第六，法律行为不成立和法律行为被评价为无效的后果是不一样的。

那么，法律行为发生法律效力所需满足的条件就是我们必须要了解的问题了。按照《民法典》第143条的规定，法律行为要生效需要满足三个条件，主体适格、意思表示真实、不违反强制性规定和公序良俗。这三项是法律行为发生法律上的约束力所必须具备的条件，我们称之为法律行为的生效要件。

所谓主体适格，是指行为人具有相应的民事行为能力。我们前面聊民事主体的时候，聊到过自然人民事行为能力制度。这个制度实质上是对民事主体的意思能力所做的一种划分，我国民法把民事主体分为完全民事行为能力、限制民事行为能力和无民事行为能力三种类型。这是基于意思能力针对自然人的规则，法人和非法人组织在意思能力上没啥不一样的地方，自然也不需要做这样的区分。不同的意思能力对应的是民法意义上不同的活动范围。简单粗暴地说，完全民事行为能力人大体上可以想干啥就干啥，限制民事行为能力人想干啥要靠法定监护人，无民事行为能力人基本上想干啥都不行。需要注意的是，这个归纳不太准确，只能帮助我们建立一个大致的概念框架。民事主体超越行为能力界限实施的法律行为在效力上如何评价是个很有争议的问题。主体适格要求民事主体的民事行为能力与其实施的行为相应,也就是说,只要能够准确认识自己实施的民事法律行为就能够满足主体适格的要求了。这个要求很微妙。完全民事行为能力人事实上做不到绝对意义上的为所欲为,年满18周岁未满22周岁的男性虽然是成年人,但是想要结婚就还要等一等。

所谓意思表示真实,是指表意人的表示行为应当真实地反映其内心的效果意思。也就是说,意思表示真实要求表示行为应当与效果意思相一致。这是一个很高的要求,无论是对行为人、相对人或者需要化解纠纷的法官来说,都是如此。意思表示真实所要求的是表示行为与效果意思一致。当二者不一致的时候,我们称之为意思表示不真实。民法上的意思表示不真实是一个广义的概念,具体包括两种情况,一是意思表示不自由,二是狭义的意思表示不真实。所谓意思表示不自由,主要是指行为人在受到欺诈、胁迫等外在因素影响的情况下,其主观意志处于不自由的状态,其表达的意思与内心的想法可能不一致。因此,《民法典》规定受欺诈、受胁迫、重大误解、显失公平等情况下实施的行为是可以被撤销的。所谓狭义的意思表示不真实,主要是指行为人表示出来的意思与内心真实的想法不一致。例如,有人欠了一屁股债不想还,他就把自己名下的房产、车辆、存款等值钱的东西都送给朋友。而且和朋友商量好,名义上是送,其实就是代为保管,等风头过了再拿回来。等到债主上门的时候,他就恬不知耻地说自己一分钱都没有。这种行为就是典型的通谋的虚伪表示。对这样恶意串通损害他人合法利益的行为，《民法典》的评价也很简单，无效。

所谓不违反强制性规定和公序良俗，包括两方面的内容。一是不违反强制性规定，二是不违反公序良俗。强制性规定是一个范畴很大的概念，司法实践当中一直在对强制性规定做限缩解释。目前，只有违反了全国人民代表大会及其常务委员会制定的强制性规定才属于违反强制性规定。这已经大大缩小了强制性规定的范围，但是这还不够。审判实践进一步将强制性规定区分为效力性强制性规定和管理性强制性规定。只有违反了效力性强制性规定的情况下，法律行为才会认为法律行为无效。公序良俗能够在强制性规定的范围之外，对法律行为的效力做出必要的控制。一方面，我们当然有必要对扰乱公共秩序的行为作出否定评价。微妙之处在于，我们作出评价的依据是公共秩序本身，还是有助于维护公共秩序的规则。如果是前者，这个问题显然需要根据个案加以判断；如果是后者，部门规章、地方立法等强制性规定显然属于维护公共秩序的规则。另一方面，我们也应当对违反善良风俗的行为作出否定评价。但由于我们国家幅员辽阔、人口众多，不同的地方有各自的风俗习惯，因此公序良俗的认定更多还需要依靠司法在具体案件当中做出判断。

评价的结果

有了评价的对象，又有了评价的标准，自然就可以对法律行为进行评价了。既然进行了评价，自然要给出评价的结论。民法对于法律行为的评价结论就是法律行为的效力。法律行为的效力在于让民事法律关系得以产生、变更或者消灭。法律行为与法律关系之间联结点就在于此。有效的行为自然会发生当事人所欲的效果,无效的行为就不能让法律关系发生相应变化。评价的结论直接决定了民事主体是不是能够实现其目标,也就是决定了民事主体是不是能够"为所欲为"。评价结论因此至关重要。针对复杂多样的行为,民法的评价结论不仅仅包括有效和无效。实际上,《民法典》规定了法律行为的四种效力状态:有效、效力待定、无效和可撤销。

有效的法律行为意味着当事人所期待的法律关系得以产生。但是,法律关系的产生并不必然意味着权利的享有和义务的承担。人们缔结法律关系就是为了享有权利和承担义务,在费了九牛二虎之力终于建立起法律关系之后,为啥还是不能确定地享有权利和承担义务呢?原因很简单,计划没有变化快。比方说,有俩人签了一份合同,要交易一台二手车。所有的法定要件都满足了,万事俱备,就等着一手交钱,一手交货了。万万没想到,在交易的前一晚,一场暴雨引发山洪,车被洪水冲走了。这个合法有效的合同就没办法履行,当事人当然也就没办法享有权利和承担义务了。所以,法律关系是不是能够转化为现实的权利和义务还要看履行的情况。前面这个例子属于不可抗力,是法定的免责事由。天要下雨,谁都没辙。更多的时候,我们面对的是当事人在签订合同之后又反悔的情况。对这种事情,民法自然有办法。不履行生效合同是吧?那就承担责任呗。啥责任?违约。承担违约责任要达到什么效果?如同合同已经适当履行一样。

效力待定的民事法律行为,是指法律行为成立之后,是否能发生效力尚不能确定,有待于其他行为或事实使之确定的法律行为。这是一种悬而未决的状态。也就是说,效力待定的法律行为既不是有效的,也不是无效的,而是处于一种不确定的状态。不会有什么人喜欢这样的不确定性。这就像命运明明已经掐住了你的喉咙,却既不往死里掐,也不松手。它就这么捏着,也不说接下来打算干啥。我的学生时代,每次期末考试之后,在家等去开家长会的父母回家的那个下午就是这种感觉。这种行为的特征可以归结为,第一,行为已经成立了;第二,行为的效力悬而未决;第三,行为的效力取决于其他行为或者事件。效力待定的民事法律行为有两种。一是限制民事行为能力人从事的依法不能独立实施的法律行为;二是无代理权人因无权代理而从事的法律行为。确定效力待定的民事法律行为的效力有两种途径,一是法定代理人、被代理人行使追认权;二是善意相对人行使撤销权。具体规则《民法典》第145条和第171条写得特清楚,一看就明白。

无效民事行为,是指虽然已经成立,但因其在内容上违反了法律、行政法规的强制性规定和公序良俗而应当被宣告无效的民事行为。无效民事行为有四个特点。第一,无效民事行为具有违法性。这里的"法"既包括效力性强制性规定,也包括公序良俗。这俩概念的具体内容咱们前面聊过,就不再细聊了。第二,无效民事法律行为受到国家干预。这不同于其他民事法律行为,法院和仲裁机构是可以依职权直接认定特定民事法律行为无效的,不需要当事人提出主张。第三,无效民事法律行为不得履行。对于这样的行为,当事人既不能依据无效的合同要求履行,也不能依据无效的合同要求对方承担违约责任。第四,无效的行为自始无效。即便是已经履行的,也只能主张恢复原状和赔偿损失。比方说，有人和你签了个合同，要跟你借十万块，一年后还十一万。这显然是好事儿，在你兴高采烈地签好合同之后，发现跟你借钱的是个7岁的孩子。虽然他长得有点儿着急，但是身份证上显示出生年份的那四位数字是不会骗人的。这样的合同就是无效的合同，不能履行。也就是说，即便你把十万块交给了这个孩子，也只能主张返还本金，而不能要求对方按照合同约定支付利息。

无效民事法律行为有五种。第一，无民事行为能力人实施的民事法律行为。这个在《民法典》第144条当中规定得很明确，"无民事行为能力人实施的民事法律行为无效"。但是，8岁以下的孩子下楼买瓶醋还是可以的。一来六七岁的孩子完全能够理解这种日常生活中的小事，再者这类生活琐事涉及的金额也不会很大。人家饺子都吃完了，还要求把醋还了，既不现实，也无必要。

第二，虚假的民事法律行为无效。所谓虚假的民事法律行为，又称通谋的虚伪表示，是指行为人与相对人共同实施了虚假的民事法律行为。实践中，对于这种行为如何评价争议很大。一般来说，俩人事先商量好签了份假合同。这很可能是为了干坏事，也可能是为了干好事。比如，一位颇有孝心的女儿与商家串通之后，向自己的母上大人谎称原价两千多块的高档运动鞋一折出售且买一赠一，以此实现向其母实施赠与且不会被嫌弃的目的。当女儿的这么做显然是为了尽孝，但是花两千多块买双鞋十有八九会被批评。但是，这么做也是有风险的。毕竟这么好的事情母上大人很难不与自己的广场舞姐妹分享。这之后大概率会发生的事件是，阿姨们相约在商家的营业场所集结并试图以更低的团购价格大批量购买该商品。这位孝顺的女儿和商家之间所订立的低价合同就

第十六章　民事法律行为：提到括号前

是虚假的民事法律行为。这个行为是无效的。但是，当事人订立这个低价假合同的目的是掩饰那个高价的真合同。那个高价的真合同就是《民法典》第 146 条中所说的"以虚假的意思表示隐藏的民事法律行为"，这个行为可能有效，也可能无效。其效力如何判断，依旧取决于这个被隐藏的行为是不是符合法律行为的生效要件。刚刚那位孝顺女儿的例子当中，这个"以虚假的意思表示隐藏的民事法律行为"显然是有效的。于是，我们有可能看到了这样的现象，签了假合同的当事人有可能把想办的事儿给办成了，签了真合同的当事人却有可能把想办的事儿给办砸了。这其中需要考虑的因素有不少，其中很重要的一个因素就在于当事人真正想做的是什么。仅靠虚假的表象就想瞒天过海，很难。于是，我们就需要区分当事人所实施的行为有多假。按照行为虚假的程度和对方当事人参与的程度，我们可以做这样的区分。

假作真时假亦真，也就是说，表意人自己做出虚假的表示，对方不知道，我们称之为真意保留，这其中的虚假表示就是有效的，虽然这个表示是假的。

假作真时真亦假，也就是说，双方一起做出虚假的表示，都知道对方说的是假的，我们称之为虚假的法律行为，这其中的虚假表示就是无效的，虽然双方都想把这个假的表示弄成真的。

真作假时假亦真，也就是说，虚假的法律行为是需要解释的。俗话说得好，解释就是掩饰，掩饰就是有事。虚假的法律行为所掩饰的事就有可能会发生效力，虽然双方都不想把这个事儿弄成真的。

真作假时真亦假，也就是说，双方一起做出虚假的表示，都

177

知道对方说的是假的,更过分的是,他们是要通过作假害别人,我们称之为恶意串通损害第三人,这样的行为无效。

第三,违反法律、行政法规的强制性规定的民事法律行为。强制性规定的范畴极为广泛,几乎触及社会生活的方方面面。在最高人民法院《关于适用〈中华人民共和国合同法〉若干问题的解释(二)》出台之前,人们一般将违反强制性规定的行为完全等同于违反立法的行为,并倾向于否定其效力。但是,并不是所有违反强制性规定的行为都要承受这样严苛的法律后果。一方面,违反强制性规定的行为不一定都会对社会秩序带来冲击;另一方面,行为所违反的强制性规定也不一定与民法的基本立场相契合。对于这种行为的效力评价很微妙,这是高手展示真正技术的机会。

第四,违反公序良俗的民事法律行为。违反公序良俗的行为可以大致归纳为这样几种类型,一是危害婚姻关系、损害正常的家庭关系秩序的行为;二是违反有关收养关系规定的行为;三是违反性道德的行为;四是偿还赌债合同;五是贬损人格、损害尊严和限制人身自由的合同;六是限制职业选择自由的合同;七是违反公平竞争的行为;八是违反劳动者保护的行为;九是诱使债务人违约的合同;十是禁止投诉的合同。[①] 需要注意的是,这并不是一个封闭式的列举。随着经济社会的发展,总有人能想出各种奇葩套路。司法也会不断发展,提出与之相应的回应之道。

第五,恶意串通的民事法律行为。恶意串通的民事法律行为,

---

① 王利明主编:《中国民法典释评·总则编》,中国人民大学出版社2020年版,第29—30页。

是指双方当事人非法串通，进行某种民事法律行为，造成国家、集体或第三人利益损害。恶意串通的行为需要满足三个条件。一是要出于恶意。这个恶意就是当事人知道他（她）干的事情会坑人，还做坑人的事情。二是要经过串通。也就是实施行为的当事人之间是商量好的。三是要损害他人合法利益。这里面的"他人"包括国家、集体和普通民事主体。需要注意的是，如果损害的是不特定民事主体的利益，实质上是损害公共秩序，要根据《民法典》第153条认定为绝对无效；如果损害的是特定民事主体的利益，则需根据《民法典》第154条的规定认定为相对无效。

可撤销的民事法律行为，是指当事人在从事民事行为时，因意思表示不真实，法律允许撤销权人通过行使撤销权而使该已经生效的法律行为归于无效。还记得我们前面聊过的效力待定吗？可撤销是比效力待定更加恐怖的存在。可撤销法律行为有三个特点。第一，可撤销法律行为主要是意思表示不真实的法律行为。第二，可撤销法律行为须由撤销权人主动行使撤销权。第三，可撤销法律行为在未被撤销以前仍然是有效的。如果说效力待定的行为就像被命运掐住喉咙之后，命运既不松手，也不下死手。那么，可撤销则的行为则是被命运掐住喉咙之后，命运先松手了，但又回来重新掐上了。怎么样？刺激不？

可撤销的法律行为有四种。第一，基于重大误解实施的民事法律行为。重大误解的民事法律行为，是指一方因自己的过错而对民事法律行为的内容等发生误解而从事的某种民事法律行为。传统民法称之为错误。因重大误解实施的行为需要满足三个条件。一是表意人对民事法律行为的内容等产生了重大误解。这个误解必须重大到影响当事人是否实施特定行为。二是表意人因误解作出了意思表示。这个意思表示是因误解而生，表示的内容反映了当事人内心真实想法。三是误解是由误解方自己的过错造成的。因其他人的原因造成的错误认识不是误解。我有一位朋友，性格内向、为人低调、治学严谨、学问了得。读书时，这位仁兄凭借其严谨的学风在一次师门聚会上一战成名。聚餐过程中，师弟师妹循例向师兄师姐敬酒。初次见面，自然要寒暄几句。一般来说，就是自我介绍之类的套话。什么我从哪里来，要到哪里去之类。到了我这位哥们儿这里，师弟师妹们自然按照套路出牌。突然，有位学妹加了一句，"师兄，我们初次见面，不知道您酒量如何。这杯我干了，请师兄随意"。这其实没啥，大家都"初次见面"了，自然可以大大方方地"随意"一下，点到为止。我这哥们儿一听这话，严谨了起来，应道"我的酒量一般，目前还没有醉过"。此言一出，语（技）惊四座。师弟师妹们应声而至，群起而敬之。左一杯白的，右一杯啤的；左一句师兄海量，有一句师兄真棒。结果就是，我这哥们儿毫无悬念地被放倒了。其实，我这哥们儿说的是实话。他在此之前确实没有醉过，因为他在此之前基本上没咋喝过酒。没喝过，自然不会醉。他把自己对自己的认知和事实和盘托出，但这两句话让对方产生的理解是"酒神在此！"，重大误解就是民法上专门调整这种情况的规则。至于重大误解的法律结果，也很简单。一般来说就是恢复原状，如果造成误解的一方主观上有过错的，还需要再承担损害赔偿的责任。这次聚会当晚，我这哥们儿就完成了恢复原状的任务。美酒佳肴，打哪儿进打哪儿出。

第二，受欺诈实施的民事法律行为。简单地说，就是被骗了。受欺诈实施的民事法律行为有两种，一种是因相对人欺诈，另一种是因第三人欺诈。因相对人欺诈实施的民事法律行为需要具备四个条件。一是欺诈方具有欺诈故意。对方是否因欺诈获利并不影响欺诈的成立，其中的区别仅限于骗人和狠狠地骗人。二是欺诈方实施欺诈行为。也就是说，要真的骗了人才行。三是被欺诈方因欺诈而陷入错误认识。也就是说，要真的骗到了才行。四是被欺诈人因错误认识作出意思表示。也就是说，要真的骗成了才行。因第三人欺诈而实施的民事法律行为，是指第三人实施欺诈而使当事人一方在违背真实意思的情况下实施的民事法律行为。因第三人欺诈而实施的法律行为需要具备三个条件。一是必须是第三人实施欺诈行为；二是受欺诈方因第三人的欺诈行为而实施民事法律行为；三是相对人知道或者应当知道该欺诈行为。

第三，因受胁迫而实施的民事法律行为。胁迫，是指以将来要发生的损害或以直接施加损害相威胁，使对方产生恐惧并因此而做出的行为。说白了就是吓唬。胁迫需要具备四个条件。一是一方或者第三方实施了胁迫行为。二是胁迫人具有胁迫的故意，即胁迫人意识到自己的行为将造成受胁迫人心理上的恐惧而故意进行威胁；胁迫人希望通过胁迫行为使受害人作出某种意思表示。三是受胁迫方因胁迫而实施了民事法律行为。四是胁迫行为是非法的。

第四，显失公平的民事法律行为。显失公平的民事法律行为，是指一方在从事某种民事法律行为时因情况紧迫或缺乏经验而作出了明显对自己有重大不利的行为。显失公平的法律行为是明显不公平的,这种情况基本只会出现在双务有偿合同当中。对于赠与之类的单务合同,就是一方单纯付出,另一方单纯收获,是你情我愿的不公平。显失公平要满足客观和主观两方面的条件。就客观要件来说,当事人的利益要明显失衡,二者这种失衡出现在法律行为成立时。履行阶段的利益失衡不是显失公平,而是情势变更。就主观要件来说,显失公平一般会出现在利用对方危困状态或者缺乏判断力的情况下。毕竟,明摆着会吃亏的事情还乐意去做,也说不上显失公平了。

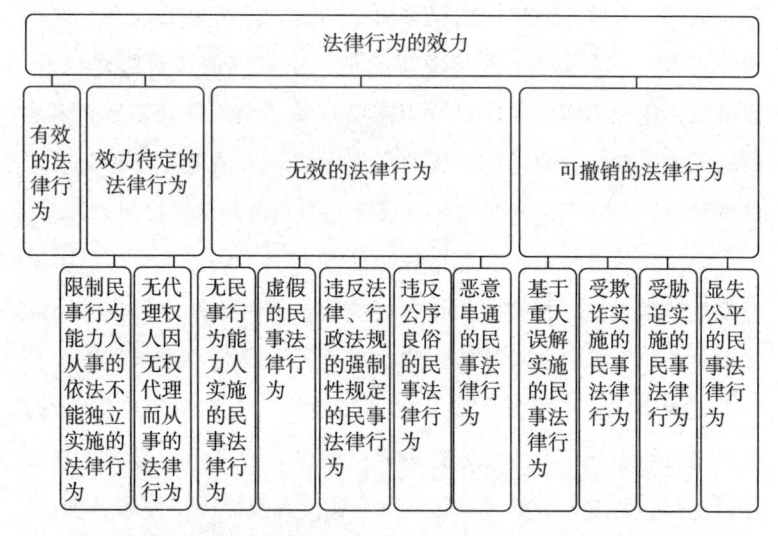

```
                        法律行为的效力
┌─────────┬─────────┬─────────────────┬─────────────────┐
│ 有效的  │ 效力待定│  无效的法律行为  │  可撤销的法律行为 │
│ 法律行为│ 的法律行为│                 │                 │
└─────────┴─────────┴─────────────────┴─────────────────┘
```

| 限制民事行为能力人从事的依法不能独立实施的法律行为 | 无代理权人因无权代理而从事的法律行为 | 无民事行为能力人实施的民事法律行为 | 虚假的民事法律行为 | 违反法律、行政法规的强制性规定的民事法律行为 | 违反公序良俗的民事法律行为 | 恶意串通的民事法律行为 | 基于重大误解实施的民事法律行为 | 受欺诈实施的民事法律行为 | 受胁迫实施的民事法律行为 | 显失公平的民事法律行为 |

既然是可撤销的法律行为,就一定会有一个叫撤销权的东西。行使撤销权要注意这几个问题。一是撤销权应当由因意思表示不真实而受损害的一方当事人享有;二是撤销权是一种专属的权利,不得与法律行为相分离而单独转让;三是撤销权的行使必须采取诉讼或仲裁的方式;四是撤销权并不包括变更权,意思表示不真

实的情况下,提起撤销的,不能变更;五是撤销权必须在法定期限内行使。这个期限是当事人自知道或者应当知道撤销事由之日起 1 年内,重大误解的当事人自知道或者应当知道撤销事由之日起 3 个月内行使撤销权。当事人受胁迫,自胁迫行为终止之日起 1 年内行使撤销权。当事人知道撤销事由后明确表示或者以自己的行为表明放弃撤销权的,撤销权消灭。撤销权行使的结果简单粗暴,民事法律行为一经撤销,溯及既往的无效,当事人之间应当依法返还财产、恢复原状。

法律行为是否能带来新知识

关于民事法律关系和民事法律行为,还有一个很值得我们认真思考的问题。那就是,对学习和应用民法制度的人来说,对民事法律制度的学习和应用能不能给我们带来新的知识?如果可以,这样的学习和应用又能够给我们带来什么新的知识?

对于这个问题,直观的回应是否定的。这个道理似乎很简单。法律制度就摆在那里,现有的法律制度是在吸收、总结前人经验的基础上形成的。这种"向后看"的制度又怎么会带来新的知识呢?但是,稍加思索就不难看出,"向后看"恰恰有助于我们"向前看"。事实上,人们就是在不断"向后看"(总结)的基础上"向前看"(预测)的。科学的发展不就是在不断总结前人研究成果(实际上就是试错)的基础上逐渐取得突破的吗?法律制度也不例外。既有制度显然针对既存的社会关系。立法者又不是神仙,他们不可能准确地预见尚未发生的事情,更不可能推测新型社会关系的出现。立法者和司法者的策略很简单,就是用既有规则调整出现在他们面前的各类纠纷。即便出现了某种他们从未见过的情况，他们也会用类型化的方法将这种新型社会关系纳入某种既存的法律关系类型之内，之后就可以放心大胆地援引与之相应的民法规范来调整这种社会关系了。

对民法的学习和应用能够带给我们关于这个世界的新的知识。民法的发展会让我们认识新的社会关系类型，并产生与之相应的调整模式。当无论我们怎么努力地论证，都不能将某种社会关系纳入既有的社会关系类型体系当中，也找不到可以参照适用又能够提供合理的纠纷解决方案的规则的时候，新的规范就会出现。比如，网络财产。Q币、网络游戏装备这些只存在于网络当中，也只能在网络当中才能发挥作用的财产曾经让法院很头疼。这些东西可以用货币表征价值，有的还价值不菲。它们的占有方式、公示机制和交易模式与传统民法中的动产有些相似，但又有所不同。于是，我们一直用动产逻辑去看待网络财产，直到大数据的出现。它完全不按套路出牌，各个互联网大厂的程序员的脑洞天马行空，把来自芸芸众生的行为数据玩得那叫一个溜。这让立法者面临前所未有的挑战，于是《数据安全法》等一系列新的法律规范相继出台。

这些新的关系如何产生？如何变更？如何评价？答案都在法律行为制度当中。法律关系在不断刷新我们对这个世界的认知，法律行为则告诉我们怎样面对和改变周遭的生活。

第十七章

代理：背锅的姿势

民法上就有这么一项制度，专教人背锅的姿势和甩锅的方法。这项奇葩制度深得民法老师欢心，在期末考试里神出鬼没，在法考试卷上纵横捭阖，在考研真题里大杀四方，甚至在考博试卷里偶露峥嵘都能让准师兄师姐们手心冒汗。这项制度，叫作代理。

出道即王者

与民事主体、法律行为、意思表示等历史悠久的概念不同，代理出现的时间算不上很早。在罗马帝国初期，还没有代理这码事儿。因为当时的罗马人做买卖很认真，买家和卖家必须一手交钱一手交货，而且他们还创造了曼兮帕蓄（mancipatio）这种很麻烦的交易方式。这个时期，当然不需要代理。但随着社会的发展，买卖越做越多，大家发现忙不过来了。那咋整？找人帮自己办呗。于是在《法学总论》第26篇中规定了"委任"。委任契约的缔结有五种不同的方式："某人或只为他自己的利益，或为他和你的利益，或只为第三者的利益，或为他和第三者的利益，或为你和第三者的利益，而委托你。专门为了你的利益的委任，完全是多余的，因此，你们之间既不发生任何债务，也不发生委任诉权。"说白了，就是用别人的名义给别人办事儿。办成了，好处归别人；办不成，瓜落儿也归别人。有学者把那个时候的委任称作代理，虽然委任契约中确实包含了代理的要素，但是独立的代理制度还是没有形成，直到欧洲度过了漫长的中世纪。格劳秀斯在前人理论基础上，梳理出了代理理论。他认为，如果有人很明显是从我们那里得到了缔结契约的特别或者一般的指示，我们就有义务确认他们以我们的名义缔结的契约为有效。[1] 霍布斯进一步丰富了代理理论。他认为，违反本人的授权或在这种授权范围之外订立的信约，本人不受约束。[2] 尽管这些理论已经和现在的代理很像，但是这离代理被写入民法典还要经过很久的时间。格劳秀斯去世后将近160年后编纂的《法国民法典》当中，代理还不是一项独立的民事制度，而是作为委任契约被列入取得财产的各种方法。格劳秀斯去世后250多年后编纂的《德国民法典》当中，代理才与委任区分开来，在民法总则中占据一席之地。直到这个时候，代理才开始作为一种独立的民事制度存在。拿代理来说，德国人就把这么个简单的事儿弄出好多种类。比如，委托代理和法定代理、直接代理和间接代理、显名代理和隐名代理、单独代理和共同代理……有点儿乱？别慌，这才刚开始。代理权及其行使、代理行为及其效力、狭义的无权代理和表见代理了解一下？出道晚真的不算什么，代理制度的王霸之气甫一出场就把法科生虐到怀疑人生。

---

[1] ［荷］格劳秀斯：《战争与和平法》，何勤华等译，上海人民出版社2005年版，第188页。

[2] ［英］霍布斯：《利维坦》，黎思复、黎廷弼译，商务印书馆1985年版，第124页。

第十七章 代理：背锅的姿势

代理，是指代理人以被代理人名义实施的，其法律效果直接归属于被代理人的行为。[①] 这个波澜不惊的定义当中体现着代理制度令人叹为观止的能量释放。这项看似简单的制度当中包含了这样一种极具力量感的观念，法律支持个人和团体的各种私人目标。[②] 代理有四个特点。[③] 第一，代理涉及三方法律关系。具体包括，代理人与被代理人之间的授权关系；代理人与相对人之间，基于实施代理行为作出和（或）接受意思表示的关系；代理人在代理权限内以被代理人名义实施行为，其法律效果由被代理人承受而产生的被代理人与相对人之间的关系。第二，代理人必须以被代理人的名义实施行为。民法总则中规定的代理是显名代理，也就是说，代理人在实施代理行为的过程中需要表明自己作为代理人的身份。合同编中规定了隐名代理，具体规则有所不同。第三，代理人需要在代理权限范围内独立作出意思表示。代理的工具属性毋庸讳言，但这并不意味着代理人只能作为被代理人的传声筒。那种只负责传话的人不叫代理人，而是使者。第四，代理的法律效果由被代理人承担。除了狭义的无权代理或代理行为违法之外，代理人不需要为自己实施的行为承担结果。这个结果要由被代理人来承受。这样一来，我们就不难看出，代理的功能不

[①] 王利明、杨立新、王轶、程啸：《民法学》（第6版）（上册），法律出版社2020年版，第231页。

[②] 谢鸿飞：《〈民法典〉与"能量的释放"》，载《实证法学研究》2021年第5期。

[③] 王利明、杨立新、王轶、程啸：《民法学》（第6版）（上册），法律出版社2020年版，第231—232页。

外有二。[①] 一是辅助和补充的功能，二是延伸和扩张的功能。辅助和补充的功能主要体现在法定代理当中，就是帮助被代理人为其所不能为，补足其尚不完备的民事行为能力。例如，法定代理可以被用来弥补被代理人行为能力的欠缺。七八岁的小朋友可以通过父母拥有和处分自己的财产。延伸和扩张的功能主要体现在意定代理当中，就是拓展被代理人的活动领域，延伸其参与私法领域的空间。代理就是要让专业的人做专业的事，自己通过付出合理代价而可以坐享其成，它不香吗？代理规则有用归有用，但也不是想怎么用就怎么用。

代理虽好，但有些事情不能代理，必须由本人完成。不得代理的情形归结起来有三种。[②] 其一，依据法律规定不得代理的情形。比如，缔结婚姻的行为。包办婚姻早就是历史了，结婚这事儿还是让有情人自己来拿主意比较好。其二，依据约定不得代理的情形。这种情形完全取决于当事人的意志。比如，小伙子买了健身私教课，约定的教练是一位颜值身材都在线的长腿小姐姐。这个合同中，作为教练的小姐姐就不能再让其他教练代理自己去上课了。要是真的请一位胡茬大叔去给他上课，怕是要被追究违约责任。其三，依照民事法律行为的性质不得代理的情形。比如，相亲。相亲这事儿也不是不能请人代理，但确实有难度。这俩人要是没成也就算了。万一对方看上了代理人，还真是不好收场。

[①] 王利明、杨立新、王轶、程啸：《民法学》（第6版）（上册），法律出版社2020年版，第232页。

[②] 王利明、杨立新、王轶、程啸：《民法学》（第6版）（上册），法律出版社2020年版，第232—233页。

法谚有云，"任何人就他人行为之结果，不负责任"。[①] 法谚还云，凡是法谚，就有例外（这句是我编的）。代理就是这个例外。代理法律关系中，代理人不需要为自己实施的代理行为承担责任。这个锅可以完全甩给被代理人。但是，这个锅也不是随时都能甩得出去。按照《民法典》第167条的规定，在满足这三个条件的时候，代理人和被代理人需要一起背锅，也就是要承担连带责任。第一，代理事项违法。具体包括代理事项本身违法，比如购买毒品；也包括代理事项合法，但代理事项所针对的具体对象违法，比如为被代理人销售假货。第二，代理人和被代理人知道或者应当知道代理事项违法。这里的知道就是实际知情；应当知道就是应当知情，但因过错而不知情。第三，代理人知道或者应当知道代理事项违法仍然实施代理行为，或者被代理人知道代理人的代理行为违法未作反对表示。满足这三个条件，代理人和被代理人要以连带责任的形态共同承担由此而生的法律责任。[②]

代理和相关概念的区别

代理与几个概念息息相关，委托、代表、中介、使者都与代理有几分相似又差异明显。我们需要把这几个概念和代理区别开来。委托合同，又称委任合同，是指双方当事人约定一方以他方的名义和费用为他方处理事务的合同。委托与代理之间的联系在于，在法律关系的内容上，二者均体现为以他人名义与第三人实施民事行为，其结果由本人承受；在法律关系的形式上，二者均

---

① 郑玉波：《法谚》（二），法律出版社2007年版，第5页。
② 王利明、杨立新、王轶、程啸：《民法学》（第6版）（上册），法律出版社2020年版，第233页。

以合同为发生的基础。二者的区别有四个方面。第一，委托是双方关系，发生在委托人和受托人之间；代理是三方关系，发生在代理人、本人和相对人之间。第二，委托关系产生的基础是委托合同；代理关系产生的基础除了委托合同之外，还有职务关系、劳动关系、劳务关系和身份关系等。第三，委托关系中，受托人并不是必须以委托人名义进行活动；代理关系中，代理人则必须以被代理人名义实施代理行为。第四，委托关系中，受托人可以做出法律行为和事实行为；代理人一般实施法律行为。

代表，是指依照法律或者法人章程的规定，代表法人或者非法人组织从事民事活动的人。代理和代表都发生行为效果归属的问题，而且一般来说，行为的效果都会由本人承担，代理人和代表并不需要承担行为的效果。二者的区别在于，第一，代理需要授权，代表则不需要进行专门授权；第二，无权代理和无权代表适用的规则并不相同。

中介合同是中介人向委托人报告订立合同的机会或者提供订立合同的媒介服务，委托人支付报酬的合同。在《民法典》出台之前，《合同法》将中介称为居间。中介合同与代理的联系在于，中介人也需要取得本人授权，而且中介人不能成为本人与相对人之间法律关系的当事人。二者的区别在于，第一，中介人只为委托人提供商业机会或者推动合同的订立；代理则能够直接产生本人与相对人之间法律关系得丧变更的效果。第二，中介人的活动限于提供交易信息和媒介，不能独立实施民事法律行为；代理人则能够以本人的名义实施法律行为。第三，中介行为本身不会产生需要由本人承受的法律效果；代理则能够产生需要由本人承受的法律效果。

使者,又称传达人,是指表示本人已决定的意思或转达本人的意思表示的人。二者的联系在于,代理和使者都要接受本人的委托。二者的区别在于,第一,使者不需要获得代理权独立进行意思表示;第二,使者不需要与第三人之间实施交易行为,也不参与缔约活动;第三,使者可能因违约要对委托人承担违约责任,但不需要对相对人承担责任。说白了,使者就是传话的人。同样的话,不同的人来传,效果可能有云泥之别。

代理的类型

说过了代理与类似概念的区别和联系,我们要聊聊代理的类型。按照不同的标准,代理可以分为委托代理与法定代理,直接代理与间接代理,显名代理与隐名代理,单独代理与共同代理,本代理与复代理,一般代理与职务代理。我们逐一说明。

按照代理产生的基础法律关系不同,可以将代理区分为委托代理和法定代理。委托代理,又称授权代理、意定代理,是指基于被代理人的委托授权而发生代理权的代理。委托代理的基础法律关系主要有委托关系、职务关系、劳动关系、雇佣关系和身份关系。委托合同是代理关系得以产生的常见方式。本人通过与代理人订立委托合同,完成对代理人的授权。职务关系,又称职务代理,当事人在法人或非法人组织中担任一定职务,并可依据此种职务对外代理法人或非法人组织行为。代理人基于其职务而实施的行为可以被当然的视为职务代理行为,其产生的结果当然由作为本人的法人或者非法人组织承受。劳动合同和雇佣合同也会产生代理关系。当事人在订立劳动合同或者雇佣合同之后,有可能被授权从事代理行为。需要注意的问题是，上述基础法律关系只为代理的产生提供了可能性，但并不必然产生代理关系。行为人只有在以被代理人名义从事法律行为的条件下，才能够产生代理的效果。以自己名义实施的行为，并不发生代理的效果。法定代理，是指根据法律规定而产生代理权的代理。法定代理的特征在于，第一，法定代理依法律规定产生无须本人授权；第二，法定代理不需要被代理人同意；第三，法定代理人只能在法定范围内行使代理权。具体而言，法定代理人有四种：监护人、夫妻、失踪人的财产代管人和基于紧急状态法律特别授权的代理人。简单地说，委托代理是通过约定产生的代理，是被代理人和代理人商量出来的；法定代理则是根据法律产生的代理，是立法者规定出来的。

按照代理的结果是否直接由被代理人承受，可以将代理区分为直接代理与间接代理。直接代理，是指代理人以被代理人的名义在授权范围内从事代理行为，代理的效果直接由被代理人承担。间接代理，又称行纪，是指代理人以自己的名义从事法律行为，并符合《民法典》第925条和第926条关于间接代理构成要件的代理。直接代理与间接代理之间的联系在于，二者均通过委托和授权产生；直接代理与部分间接代理的结果由本人承受。二者的区别体现在三个方面。第一，代理人使用的名义不同。直接代理使用被代理人的名义，间接代理使用代理人的名义。第二，代理效果的归属不同。直接代理的效果一般直接归属于被代理人，间接代理的效果需要在被代理人行使介入权、第三人行使选择权的情况下，才归属于被代理人。第三，法律依据不同。直接代理的

第十七章 代理：背锅的姿势

依据在总则编，间接代理的依据在合同编。简单地说，直接代理就是被代理人承受代理结果的代理，直接代理中的代理人把锅甩得远远的，被代理人把锅背得稳稳的；间接代理就是代理人承受代理结果，间接代理中的代理人要甩锅需要被代理人的介入或者第三人的选择。

按照代理是否以本人名义进行，可以将代理分为显名代理和隐名代理。显名代理，是指代理人所进行的代理行为，必须以被代理人的名义进行。民法总则中规定的代理是显名代理。隐名代理，是指代理人尽管没有以被代理人的名义与第三人订约，但根据客观情况可以合理地认为其是为被代理人的利益而订约。第925条规定的代理是隐名代理。简单地说，显名代理就是大家都知道被代理人是谁，这个锅可以大大方方地甩，明明白白地背；隐名代理就是大家都认为自己知道被代理人是谁，这个锅甩得迷迷糊糊。

按照代理权由一人还是数人享有，可以将代理分为单独代理和共同代理。单独代理，是指代理权属于一个人的代理。共同代理，是指代理权有数人共同行使的代理。需要注意的是，不同事项分别由数人代理属于集合代理。共同代理的代理权为一个整体，由数人共享；共同代理必须由数个代理人共同行使代理权；共同代理的一个代理人知道代理事项违法，其他代理人知道或者应当知道的，如继续实施代理行为，则数个代理人需承担连带责任。简单地说，单独代理就是一个人甩锅，一个人背；共同代理就是一群人甩锅，一个人背。

按照代理人是否选任他人实施代理，可以将代理分为本代理

193

和复代理。复代理是与本代理相对应的概念。一般的代理就是本代理，是指由被代理人选任代理人或者直接依据法律规定产生代理人的代理。复代理，又称再代理、转代理、次代理，是指代理人为了实施其代理权限内的行为，以自己的名义选定他人担任被代理人的代理人的代理。复代理有三个特点。第一，复代理中，代理人以自己的名义为被代理人选任代理人。第二，复代理人是被代理人的代理人，而不是代理人的代理人。第三，复代理人由代理人基于复任权选任。简单地说，本代理就是代理人为被代理人办事；复代理就是代理人又找其他人为被代理人办事。

按照代理权的产生是否基于职务关系，可以将代理分为一般代理和职务代理。职务代理，是指根据代理人所担任的职务而产生的代理，即法人或者其他组织的成员以及主要工作人员在其职权范围内所从事的民事法律行为，无须法人或其他组织的特别授权，其法律效果应当由法人或其他组织承担。职务代理的出现意味着，一方面，代理权的来源变得多元了，不仅委托合同可以产生代理权，劳动合同、合伙协议也会产生代理；另一方面，交易安全能够得到更好的保护，法人或者非法人组织对执行其工作任务的人员职权范围的限制，不得对抗善意相对人。职务代理有三个方面的特点。第一，职务代理中的被代理人必须是法人或者非法人组织；第二，职务代理中的代理人是法人或非法人组织的法定代表人以外的其他工作人员；第三，职务代理中代理权的来源是法人或非法人组织内的特定职权范围，无须特别授权，没有期限和特定事项的限制。简单地说，职务代理就是打工人为了挣钱给老板干活。既然是这样，干啥活当然要听老板的，干活的收益和责任也当然由老板来享有和承担。

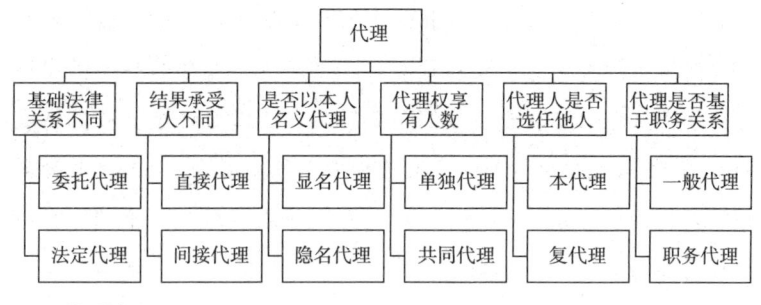

	代理				
基础法律关系不同	结果承受人不同	是否以本人名义代理	代理权享有人数	代理人是否选任他人	代理是否基于职务关系
委托代理	直接代理	显名代理	单独代理	本代理	一般代理
法定代理	间接代理	隐名代理	共同代理	复代理	职务代理

代理权

民法当中规定了很多权利，权利蕴含利益，利益意味着好处。所以，享受权利多数是好事儿。这也会让一些人产生一个不太好的习惯，在自己喜欢或者想要的那个概念之后加一个"权"字。如此一来，似乎就能够让自己的欲望获得了某种神圣的"法权感"，变得理所当然、名正言顺，甚至明火执仗、不由分说。其实，这是一种错觉，而且是种很坑人的错觉。其中的道理很简单。民法上的权利尽管表现为私法上的利益，但依旧是借由制定法认可的利益。也就是说，民事权利是有国家强制力作为后盾的。因此，受到侵犯的权利可以通过诉讼等公力救济的方式得到保护。我们知道民事权利产生的途径有两种，一是法定，二是约定。法定权利自然体现立法者的意旨；看似可以自由发挥的约定权利也不是想怎么约就怎么约，而是局限在法律规定的范围内。这样一来，我们不难看出，民事权利所保护的利益均为制定法认可的利益。既然权利的制度依据在于制定法，那么民事主体完全基于自己的意志创制全新权利的尝试往往可能归于失败。毕竟合法利益的宿命就是被归入到既有的权利体系当中，就像法律行为的宿命

195

就是被归入到既有的效力评价体系当中一样。这虽然有一点决定论的意味，但在法教义学掀起的类型化浪潮面前，拒绝被归入既存类型体系的概念几乎没有独立存在的可能。有趣的是，代理权在权利类型化的浪潮面前偏偏是个异类。代理被看作一种资格或地位。① 代理权虽名为权，但对代理人无利益可言。② 这已成为多数学者赞同的通说。③ 拉伦茨就认为代理既不是一种权利，也不是行为能力和侵权能力那样的个人能力。④ 弗卢梅也认为，代理权属于一项独特的法律制度，它仅赋予某人通过以他人名义实施行为来为他人形成法律行为规则的资格，该规则因此而作为他人的规则生效。⑤ 这两位大人物的观点如此接近的时候并不多见，这说明代理作为一种资格而不是权利的观点是站得住脚的。此外，关于权利本质属性的近期研究成果也从另一个角度说明代理的资格属性。⑥

代理权，是指一种从事代理行为的资格和地位。⑦ 代理权作为一种资格和地位，利益并不是其核心属性，本质上不属于民事

---

① 王泽鉴：《民法总则》（增订版），中国政法大学出版社2001年版，第449页。
② 郑玉波：《民法总则》，中国政法大学出版社2003年版，第401页。
③ 马俊驹、余延满：《民法原论》（第3版），法律出版社2007年版，第227页；佟柔主编：《中国民法学·民法总则》，人民法院出版社2008年版，第206页；李开国：《民法基本问题研究》，法律出版社1997年版，第215页；王利明：《民法总则研究》（第3版），中国人民大学出版社2018年版，第622页。
④ ［德］拉伦茨：《德国民法通论》（下册），王晓晔等译，法律出版社2003年版，第827—828页。
⑤ ［德］弗卢梅：《法律行为论》，迟颖译，法律出版社2013年版，第936页。
⑥ 于柏华：《权利的证立论：超越意志论和利益论》，载《法制与社会发展》2021年第5期。
⑦ 王利明、杨立新、王轶、程啸：《民法学》（第6版）（上册），法律出版社2020年版，第240页。

权利。代理权的资格属性表现在三个方面：代理人取得代理权，实质上就是取得了一种能够从事代理行为的资格；代理资格基于授权行为产生；代理人行使代理权必须负有一定义务，代理权作为一种资格，不得转让和继承。可见，作为一种资格的代理权首先需要面对的问题就是如何取得这种资格。前面我们说过，代理有意定代理和法定代理之分。法定代理权的取得基于法律规定，最常见的是法定监护人对被监护人的代理权、夫妻之间的日常家事代理权等。不难看出，法定代理要么靠出生，要么靠结婚，随意性不大。被代理人在代理人的选择、代理事项的范围等关键性事项上的决定权很小。意定代理就不一样了，包括代理人的选任、代理事项的范围等事项，都取决于被代理人的意志。

被代理人设定代理权的意志集中体现在授权行为当中。代理人的授权行为有三个特点，单方性、独立性和无因性。[1] 授权行为的单方性，是指代理权授予行为是一种单方行为，被代理人作出单方意思表示即可产生效力。授权行为决定了代理人所作的意思表示是否能够对本人发生法律效果，这种授权仅需要以本人的意思表示即可完成，无须代理人的同意。因此，代理权的授权行为被认为是一种单方行为。[2] 授权行为的独立性，是指授权通常基于一定基础法律关系，但也可以与其分离。既有基础法律关系，又有授权行为的代理当然能够产生代理的效果。授权行为的独立

---

[1] 王利明、杨立新、王轶、程啸：《民法学》（第6版）（上册），法律出版社2020年版，第240—242页。

[2] 佟柔主编：《中国民法学·民法总则》，人民法院出版社2008年版，第207页；梁慧星：《民法总论》（第4版），法律出版社2011年版，第227页；马俊驹、余延满：《民法原论》（第3版），法律出版社2007年版，第229页。

性主要表现在授权与基础法律关系分离的情况当中,授权行为与基础法律关系互相独立。具体来说,有授权行为但无基础关系,如默示、口头告知相对人等;或者有基础关系但无授权行为,如委托、雇佣合同等。授权行为的无因性,是指授权行为与基础法律关系互不影响,基础法律关系不成立、无效或者被撤销,不影响授权行为的效力。授权行为的无因性具体表现为,代理行为的效力不以代理人代理权限的有效性为前提;授权行为无因性意在保护交易安全,但仅限于善意相对人。需要注意的是,授权行为是否无因,学者之间是有争议的。[1] 一般认为,有因说更利于保护被代理人的利益,无因说更利于保护第三人利益。保护第三人利益更有利于维护交易安全,代理行为是无因行为的主张因此得到更多学者的支持。

代理权的行使,是指代理人在代理权限内,以被代理人的名义实施的代理行为。[2] 法定代理和意定代理都是赋予代理人某种为被代理人设定负担的权利。[3] 因此,代理权的行使从正面来说需要满足合理性的要求,从反面来说需要受到合理性的限制。对于行使代理权的要求可以归纳为四个方面。第一,代理人必须在代理权限内从事代理行为。这就意味着,代理人的行为不能超越

---

[1] 赞同无因说的观点参见梅仲协:《民法要义》,中国政法大学出版社1998年版,第140页;王泽鉴:《债法原理》(第1册),中国政法大学出版社2001年版,第290-291页;赞同无因说的观点参见郑玉波:《民法总则》,中国政法大学出版社2003年版,第415页;梁慧星:《民法总论》(第3版),法律出版社2007年版,第222页。

[2] 王利明、杨立新、王轶、程啸:《民法学》(第6版)(上册),法律出版社2020年版,第248页。

[3] 汪渊智:《代理法论》,北京大学出版社2015年版,第225页。

第十七章 代理：背锅的姿势

代理权限；代理人不得擅自扩大和变更代理权限；代理人不得超出代理期限从事代理行为；代理人应当尽量明确代理授权的范围。第二，代理人必须亲自从事代理行为。一般来说，本人找代理人就意味着希望代理人来实施代理行为。但是，也有例外情形。例如，在确实需要转委托的情形下，代理人应当取得被代理人的同意；在紧急情况下，实施转委托之后应当及时取得被代理人的追认；在需要辅助人的情况下，代理人可以使用辅助人，但不得要求他人替代自己实施代理行为。第三，代理人必须依据诚信原则从事代理行为。也就是说，代理人应尽到勤勉和谨慎的义务，充分维护被代理人的利益；除当事人另有约定，应当对被代理人的财产和各种事务尽到善良管理人的注意；代理人应专为被代理人而非自己或第三人的利益进行代理行为，原则上不得将自己置于使被代理人利益与自己利益相冲突的地位；代理人应当尽到及时报告的义务，使被代理人及时了解有关情况；代理关系终止后，代理人应当履行报告、保密、结算等义务。第四，代理人必须正当行使代理权。也就是说，代理人在行使代理权的过程中不能滥用代理权，不得从事自己代理、双方代理等损害被代理人利益的行为。所谓受人之托，忠人之事就是这个意思。

对于行使代理权的限制可以归纳为三个方面。第一种限制是代理人不得自己代理。自己代理，是指代理人以被代理人的名义与自己从事法律行为。自己代理有两种情况。一是代理人以自己的名义向被代理人发出要约，且以被代理人的名义作出承诺。二是代理人以被代理人的名义向自己发出要约，且以自己的名义进行承诺。自己代理属于无权代理，显然不生代理的效力，除非被代理人事先同意或者事后追认。第二种限制是代理人不得双方代理。双方代理，是指同时代理被代理人和相对人为同一法律行为。双方代理当中，代理人获得被代理人和相对人的授权，双方授权相同，代理人同时代理双方为同一法律行为。双方代理被禁止的原因在于，代理人在进行代理的时候，需要独立作出意思表示，双方代理的情况下，很难认定双方的意思表示；双方代理中存在利益冲突，可能损害被代理人利益。双方代理属于效力待定的行为，经过被代理人同意或者被代理人追认，双方代理的效力才能被确定为有效。代理人实施代理行为完全是为了被代理人的利益进行的，如果在代理过程中与代理人自己的利益发生了冲突，必然会损害被代理人的利益，这样就违背了代理制度的本旨，因为法律通常规定，代理人不得以被代理人的名义与自己从事法律行为，也不得以被代理人的代理人、同时作为第三人的代理人从事同一法律行为，此类行为在理论上称为"自我行为"。① 第三种限制是代理人不得与相对人恶意串通，损害被代理人利益。与相对人恶意串通损害被代理人利益的行为需要满足两个条件。一是代理人与相对人恶意串通。这里的恶意是代理人的主观状态。也就是说，代理人明明知道或者应该知道自己的行为会伤害被代理人，但仍实施代理行为。这里的串通是代理人与相对人之间的主观状态。也就是说，代理人与相对人在主观上有共同的意思联络和沟通，这样的意思联络意在通过实施某种行为损害被代理人的利益。二是代理人实施的代理行为损害被代理人的合法权益。这种损害

---

① ［德］梅迪库斯：《德国民法总论》，邵建东译，法律出版社 2000 年版，第 723 页。

第十七章 代理：背锅的姿势

有包括被代理人的利益应当增加而未增加或者不应减少而有减少。恶意串通损害被代理人利益的行为因违反公序良俗而无效，代理人与相对人对被代理人所受损失承担连带的损害赔偿责任。

代理权作为一种资格，可以取得，自然会有消灭的时候。在区分意定代理与法定代理的基础上，可以分别归纳出这两类代理终止的原因。导致意定代理权消灭的原因有五种。[①] 第一，代理权期限届满或代理事务完成。第二，被代理人取消代理或代理人辞去委托。第三人不知道被代理人取消委托或对代理权限进行限制的，代理权的消灭和变更不得对抗善意第三人。第三，代理人丧失民事法律行为能力。第四，代理人或被代理人死亡。代理关系不发生继承。但是，被代理人死亡，代理行为依然有可能会有效。具体包括，代理人不知道并且不应当知道被代理人死亡；被代理人的继承人予以承认；授权中明确代理权在代理事务完成时终止；被代理人死亡前已经实施，为了被代理人的继承人的利益继续代理。第五，作为代理人或被代理人的法人或非法人组织终止。清算法人存在期间，法律允许清算法人从事的必要事务，如果已经成立代理关系，则代理行为有效。导致法定代理消灭的原因有四种。第一，被代理人取得或者恢复完全民事行为能力；第二，代理人丧失民事行为能力；第三，代理人或者被代理人死亡；第四，法律规定的其他情形。

代理关系终止，代理权归于消灭，代理人不得再以被代理人

[①] 王利明、杨立新、王轶、程啸：《民法学》（第6版）（上册），法律出版社2020年版，第253—255页。

名义从事代理活动，否则构成无权代理。但是，这并不意味着代理关系终止之后，代理人就不再承担任何与代理有关的义务了。按照诚信原则的要求，代理关系终止后代理人还要履行三个方面的义务。第一，及时报告代理事宜和移交财产。第二，及时交回代理证书。第三，履行忠实、保护等附随义务。

代理行为

对于代理行为的性质有不同观点。萨维尼主张被代理人行为说，认为代理人是被代理人的机关，被代理人正是借助于代理人来发出或者接受意思表示。[1] 温德沙伊德主张代理人行为说，认为代理是代理人自己的行为，按照私法自治的理论，代理人在从事代理行为时应当独立作出意思表示。代理行为的效果归属于被代理人，并不等于代理人与被代理人的混同。[2] 目前的通说是共同行为说，也称折中说，认为代理行为是代理人与被代理人的共同行为，因此，行为要件部分以代理人为主，部分以被代理人为主。[3] 共同行为说成为通说的理由在于，第一，代理人具有相应民事行为能力，可以自己的意思从事民事法律行为，由于授权行为不可能特别具体，需要有代理人作出相应判断。第二，代理人实施代理行为也要体现被代理人的意志，在授权范围内依诚信原则从事代理人行为，在具体法律行为中，代理人需独立作出或接受意思表示。所以，代理行为既不是被代理人的行为，也不是代

---

[1] 王利明、杨立新、王轶、程啸：《民法学》（第6版）（上册），法律出版社2020年版，第250页。

[2] 郑玉波：《民法总则》，中国政法大学出版社2003年版，第404页。

[3] 龙卫球：《民法总论》（第2版），中国法制出版社2002年版，第64—66页。

理人的行为，而是二者共同实施的行为。代理行为当中蕴含着代理人和被代理人的共同意志。

代理行为要生效需要具备四个条件。① 第一，代理人应具备相应的行为能力。代理人不一定是完全行为能力人。限制民事行为能力人也能够成为代理人。只要其实施的行为与其行为能力相适应就可以了。无行为能力人则不能成为代理人。理由也很简单，无民事行为能力人实施的法律行为是无效的，其实施的代理行为自然无效。第二，代理事项应当合法。代理事项就是被代理人请代理人去办的事儿。这事儿应当合法，不能违反效力性强制性规定和公序良俗；而且这事儿是可以通过代理实施的，只能由被代理人实施的事项也不能代理。第三，代理人应当在代理权限内从事代理行为。这个要求好理解，但是需要注意的问题是并不是所有代理权限外的行为都当然无效，表见代理和事后被追认的无权代理就都是有效的。第四，代理行为应当没有效力瑕疵。代理行为不存在效力瑕疵，是指代理人与相对人进行的行为中，不存在意思表示瑕疵、违反公序良俗等影响合同效力的因素。

代理行为的法律效果，是指代理人从事代理行为产生的法律效果。② 代理人的锅甩不甩得出去，被代理人的锅背不背得起来就看代理的法律效果了。具体说来，代理的法律效果有四种情况。第一，代理人在代理权限内以被代理人名义发出或接受的意思表

---

① 王利明、杨立新、王轶、程啸：《民法学》（第 6 版）（上册），法律出版社 2020 年版，第 251—252 页。
② 王利明、杨立新、王轶、程啸：《民法学》（第 6 版）（上册），法律出版社 2020 年版，第 252 页。

示，直接对被代理人发生效力。第二，授权行为合法有效，但代理人代理被代理人与第三人订立的合同不成立、被宣告无效或者被撤销，应由被代理人向第三人承担责任。代理人不是该合同的当事人。第三，在代理人从事无权代理行为但构成表见代理的，代理的效果由被代理人承担。第四，因代理行为违法导致他人损害的，原则上应当根据过错原则确定被代理人的责任。

代理人在从事代理行为过程中有过错的，应当根据合同约定或法律规定承担相应的责任。按照承担责任的对象不同，可以把代理人的责任区分为向被代理人承担的责任和向相对人承担的责任。代理人向被代理人承担责任的情况包括，代理人没有履行责任，或没有完全履行责任的；滥用代理权的；实施违法行为，损害被代理人利益的；违反委托合同的。代理人向相对人承担责任的情况包括，代理人从事无权代理，未获得被代理人追认且不构成表见代理的，代理行为无效，代理人对相对人承担全部责任。代理人明知代理事项违法，仍从事代理，造成第三人损害的，由代理人和被代理人对第三人承担连带责任。代理人对第三人单独从事侵权行为，代理人承担相应法律责任。

无权代理

无权代理，是指代理人在从事代理行为时未获得代理权。[①] 简单地说，无权代理就是没有代理权的代理。但是，这种没有代理权的状态却有所不同。具体包括四种情况。第一，代理人根本

---

① 王利明、杨立新、王轶、程啸：《民法学》（第 6 版）（上册），法律出版社 2020 年版，第 255 页。

没有代理权。这就没啥好说的了，由于代理人没有任何授权，代理行为对被代理人没有法律效力。代理行为仅存在于代理人与相对人之间，按照一般民事法律行为判断其效力。第二，超越代理权的无权代理。代理人虽享有一定代理权，但其实施代理行为超越了代理权的范围或对代理权的限制。这种情况当中，代理人的步子迈得有点大。代理人行为的效力取决于被代理人的态度和相对人的主观状态。第三，代理权终止后的无权代理。代理权终止后，代理人明知或因过失不知其代理权已经丧失而继续进行代理活动，均构成无权代理。这种情况当中，代理人的步子迈得有点晚。第四，在授权的意思表示未到达代理人时，代理人以被代理人的名义从事代理行为。这种情况当中，代理人的步子迈得有点早。可见，压根没有代理权的、超越代理权的、丧失代理权之后的和取得代理权之前的代理行为都属于无权代理。无权代理虽然是没有代理权的代理，但是未必无效。具体情况在区分表见代理和狭义的无权代理的基础上，分别考虑。

无权代理可以分为表见代理和狭义的无权代理。表见代理，是指行为人没有代理权、超越代理权或者代理权终止后，以被代理人名义订立合同，相对人有理由相信行为人有代理权的，该行为有效。[①] 狭义的无权代理，是指行为人既没有被代理人的实际授权，也没有足以使第三人善意误信其有代理权外观的代理。[②]

[①] 王利明、杨立新、王轶、程啸：《民法学》（第 6 版）（上册），法律出版社 2020 年版，第 256 页。

[②] 王利明、杨立新、王轶、程啸：《民法学》（第 6 版）（上册），法律出版社 2020 年版，第 257 页。

简单地说，表见代理以外的欠缺代理权的代理均为狭义的无权代理。[①] 二者的共同之处在于，第一，表见代理因无权代理行为产生。第二，无权代理行为都可能给被代理人造成损害，无权代理人应对被代理人承担损害赔偿的责任，该损害赔偿责任不因狭义的无权代理转化为表见代理而免除。二者的区别在于，第一，制度目的不同。表见代理意在保护相对人利益、维护交易安全。狭义的无权代理意在保护被代理人的利益。第二，构成要件不同。狭义的无权代理，代理人没有代理权而从事代理行为，且不能使相对人信赖其有代理权。表见代理，代理人的无权代理行为使善意相对人有正当理由相信其有代理权。第三，法律效果不同。狭义的无权代理中，被代理人有追认权，无权代理行为是否有效取决于被代理人是否追认。性质上属于效力待定的行为。表见代理中，无权代理行为无须经过被代理人追认即可直接对被代理人产生效力，不存在追认权的问题。第四，被代理人是否有权否认无权代理的效果不同。狭义的无权代理中，被代理人可以否认无权代理行为的效果。表见代理中，被代理人无权否认无权代理行为的效果。

　　狭义的无权代理，即欠缺代理权的代理。其特点在于，第一，仅指表见代理之外的无权代理。第二，代理人未获得相应代理权而实施的代理行为。第三，狭义的无权代理是一种效力待定的行为。狭义的无权代理之所以效力待定，有两个方面的原因。一是狭义的无权代理行为具有代理的特征，并不当然的对被代理人不利，法律赋予被代理人追认权，由本人决定是否承认行为的效力。

---

① 江帆：《代理法律制度研究》，中国法制出版社 2004 年版，第 163 页。

二是因本人追认而使代理行为有效并不违反法律和社会公共利益，有利于促成交易，维护本人和相对人的利益。狭义的无权代理既然效力待定，自然要考虑本人与相对人权益的平衡。就本人而言，本人享有追认和否认的权利。相对人享有催告和撤销的权利。[1]

表见代理，是指行为人没有代理权、超越代理权或者代理权终止后，仍然实施代理行为，相对人有理由相信行为人有代理权的，代理行为有效。表见代理的制度目的在于维护交易安全。无权代理行为要成为表见代理需要满足五个条件。第一，无权代理人并没有获得被代理人的授权。第二，第三人有合理的理由相信无权代理人有代理权。权利外观，是指被代理人的授权行为已经在外部形成了一种表象，即能够使第三人有合理的理由相信无权代理人已经获得授权。构成权利外观的条件有，相对人而不是其他人相信无权代理人有代理权；相对人必须有合理的理由相信无权代理人具有代理权；确定一种权利的外观是否存在，不应仅从被代理人事后否认来判断，而应从相对人是否相信或应当相信判断。构成权利外观的考虑因素：特定的场所；无权代理人与被代理人的关系；无权代理人的行为是否与其职责相关；被代理人对无权代理行为的发生所起的作用；无权代理人在与相对人缔约时宣称其有代理权的依据。第三，相对人主观上是善意的。主观上的善意，是指相对人不知道或者不应当知道无权代理人实际上没有代理权。第四，相对人必须是无过失的。无过失，是指相对人

---

[1] 王利明、杨立新、王轶、程啸：《民法学》（第6版）（上册），法律出版社2020年版，第257页。

不知道行为人没有代理权并非因疏忽大意或懈怠。第五，无权代理行为的发生与被代理人有关。表见代理符合表见代理条件的，代理行为有效。在对外关系上，表见代理与有权代理的效果相同；在对内关系上，表见代理不免除无权代理人应当对被代理人承担的责任，被代理人在向相对人履行义务后，根据无权代理人的过错向其主张责任。①

关于代理的话题就先聊到这里。代理所涉及的法律关系确实有点儿复杂，但是在区分了内部关系和外部关系之后，大致还能理出个脉络。一个人为实现另一个人的意志孜孜不倦，另一个人为这个人的言行默默承受，这样的信任也是难得。这种信任的建立要么基于法定，要么基于意定。无论何种方式，都意味着本人要承受代理人行为的结果，好的或者不好的。对于代理中的相对人来说，代理人与被代理人之间的信任应当是确定的，这个确定性因此值得相对人信任。可见，对于信任的破坏必然导致整个代理关系的崩塌。行为效果的传递和主观意志的实现所依靠的法律关系往往与其他法律关系息息相关，就像授权行为的外观和表见代理的认定一样。对于既存法律关系的破坏，往往意味着新的法律关系的产生。尽管二者之间在时间上有先后、在逻辑上有因果，但是在效力上却未必有必然联系。民法对于社会关系的评价规范复杂多元，但尊重和维护民事主体主观意志与合法权益的立场从未被根本性的动摇。

---

① 王利明、杨立新、王轶、程啸：《民法学》（第6版）（上册），法律出版社2020年版，第261—262页。

第十八章
民事责任：出来混，要还的

人生在世，会做很多事情。有的事情是我们想做却不该做的，比如毫无节制的吃喝玩乐；有些事情是我们该做却不太想做的，比如熬夜读法条。吊诡的是，做了我们想做却不该做的事情带来的快乐往往强烈而短暂，比如晚饭后的第二杯奶茶；没做我们该做却不太想做的事情产生的后果就比较痛苦且持久，比如期末考试之前早早地躺平。所以，任何雄辩，任何说教，任何不那么卓越的真理，都不足以长久地约束活生生的物质刺激所诱发的欲望。[1] 做了不该做的事或者没做该做的事，一定会有后果。民法上有一项制度专门应对这个问题，叫作民事责任。

民事责任的含义

民事责任是现代民法的生命力之所在。[2] 这一制度的主要目的在于填补受害人的损害。[3] 损害的含义有利益说（亦称差额说）和客观说（组织说）等不同解读。利益说由德国学者 Mommsen

---

[1] ［意］贝卡利亚：《论犯罪与刑罚》，黄风译，中国方正出版社 2004 年版，第 7 页。
[2] 梁慧星：《民法学说判例与立法研究》，中国政法大学出版社 1993 年版，第 255 页。
[3] 邱雪梅：《民事责任体系重构》，法律出版社 2009 年版，第 19 页。

基于日耳曼法首倡，在德国被沿用至今，几近成为德国权威学说。该说认为，损害是受害人因特定损害事故所损害的利益，这项利益是被害人的总财产状况在有损害事故发生与无损害事故下所产生的差额。客观说由 Oertmann 提出，并对利益说提出挑战。该说认为，损害是法律主体因其财产之构成成分被剥夺或毁损或其身体受伤害，所受之不利益。损害的观念并非单纯计算上的大小，而是由不同构成成分所组织而成。①

民事责任最初的功能在于报复。报复性的惩罚规则使不当行为的受害人有权在某种公认的限度内还击不当行为人。② 复仇的观念和习惯在古代社会及原始社会极为普遍。③ 以牙还牙，以眼还眼，就是这个意思。如孟子所说，"杀人之父，人亦杀其父；杀人之兄，人亦杀其兄"。④ 报复心人皆有之。但是，这种情况在规范上要面对一个极难化解的问题，那就是如何准确划定报复的限度。记得威尼斯商人的故事吧，准确把握报复的限度才是让人头疼的问题。所以，制定法面临的难题并非是否认报复这种行为，而是确保在合理的限度内实施报复。随着社会的发展，同态复仇早已为现代法制所禁止，取而代之的是金钱责任。罗马法时代，曾经对私犯适用金钱责任。这令民事责任呈现出金钱赔偿而不是

---

① 曾世雄：《损害赔偿法原理》，中国政法大学出版社 2001 年版，第 118—144 页。
② 姚辉：《民法的精神》，法律出版社 1998 年版，第 143 页。
③ 瞿同祖：《中国法律与中国社会》，商务印书馆 2010 年版，第 78 页。
④ 《孟子·尽心下》。

同态复仇的方式。① 罗马人很快就意识到没有理由仅在私犯情形适用强制支付金钱赔偿，并将金钱赔偿的方式扩张适用到契约领域。② 这一扩张表明，罗马法上民事责任由人身、财产混合责任到单纯的财产责任的历史性转变宣告完成。③ 责任意味着法律依据社会公认的价值准则和行为准则对具体行为作出否定性评价和抑制性处理。④ 这里面的意思很清楚。受害人不必自己动手去对加害人实施报复了，这事儿由国家来做。民事责任的功能也从报复转向补偿。

民事责任，是指当事人不履行民事义务所应承担的民法上的后果。⑤ 对于民事责任的理解，有担保说、制裁说和法律后果说三种典型观点。担保说认为，民事责任是债务履行的担保。⑥ 制裁说认为，民事责任是民事主体因违反义务而受到的制裁。⑦ 法

---

① ［意］桑德罗·斯奇巴尼选编：《债·私犯之债·阿奎利亚法》，米健译，中国政法大学出版社1992年版，第1页；周枏：《罗马法原论》，商务印书馆1994年版，第938页；王泽鉴：《侵权行为》，北京大学出版社2009年版，第39页。

② 邱雪梅：《社会转型视野下民事责任之变迁》，暨南大学出版社2015年版，第38页。

③ 丁玫：《罗马法契约责任》，中国政法大学出版社1998年版，第88—89页。

④ 佟柔主编：《中国民法》，法律出版社1990年版，第562页。

⑤ 王利明、杨立新、王轶、程啸：《民法学》（第6版）（上册），法律出版社2020年版，第264页。

⑥ 诸葛鲁：《债务与责任》，载郑玉波主编：《民法债表论文选辑》（上），五南图书出版公司1994年版，第20页；林诚二：《民法理论与问题研究》，中国政法大学出版社2000年版，第219页；张俊浩：《民法学原理》（修订第三版），中国政法大学出版社2000年版，第662页。

⑦ ［英］哈特：《责任》，转引自张文显：《法学基本范畴研究》，中国政法大学出版社1993年版，第185页；［奥］凯尔森：《法与国家的一般理论》，沈宗灵译，中国大百科全书出版社2003年版，第65页；佟柔主编：《中国民法》，法律出版社1990年版，第562页；韩忠谟：《法学绪论》，中国政法大学出版社2002年版，第77—78页。

律后果说是当前的通说。该说认为,民事责任是民事主体违反法律义务应当承担的法律后果。[①] 关于责任的一些争论的确在哲学上处于停滞状态。[②] 但是,可以确定的是,行为规范的评价是法律责任的本质。[③]

民事责任的特点可以归纳为以下四个方面。第一,民事责任是民事主体违反民事义务而承担的不利后果。民事责任和民事义务的区别在于,责任是为确保义务履行而设置的措施,责任以义务的存在为前提,督促义务人履行义务以保障权利的实现;责任是义务人不履行义务时国家强制义务人履行义务或承担法律责任的表现,其中包含了国家的强制性。责任产生的根源就是对于义务的违反。第二,民事责任本质上既是对国家的一种责任,也是对当事人的补偿责任。责任体现了国家对当事人之间关系的干预,是违法行为人对受害人所应当承担的责任。民事责任的功能是对受害人提供补偿,使受害人的损失得到恢复。第三,民事责任具有强制性和一定程度的任意性。民事责任的强制性体现为,责任需要依赖国家强制力作为保障;其任意性体现为,受害人可以免除或通过协商确定加害人所需承担的责任。第四,民事责任主要是财产责任。民事责任不包括人身限制,以财产责任为主,但也包括恢复名誉、赔礼道歉、消除影响等非财产责任方式。

---

① 魏振瀛主编:《民法》(第7版),北京大学出版社、高等教育出版社2017年版,第41页;王利明:《民法总则研究》(第3版),中国人民大学出版社2018年版,第705页。梁慧星:《民法总论》(第5版),法律出版社2017年版,第84—85页。

② [美]朱尔斯·科尔曼、斯科特·夏皮罗主编:《牛津法理学与法哲学手册》,朱振等译,上海三联书店2017年版,第652页。

③ 张文显主编:《法理学》(第5版),高等教育出版社2018年版,第166页。

法律责任当然不止民事责任这一种，但与公法上的责任相比，民事责任有优先适用的效力。按照第187条的规定，民事主体因同一行为应当承担民事责任、行政责任和刑事责任的，承担行政责任或者刑事责任不影响承担民事责任，民事主体的财产不足以支付的，优先用于承担民事责任。看到了吧，一个人因为一件事可以引发多种责任。但是，在承担责任的过程中，民事责任具有优先于公法责任的地位。

民事责任的类型

以责任发生的根据为标准，可以将民事责任分为违约责任、侵权责任和缔约过失责任。违约责任，是指合同当事人违反法律、合同约定的义务而应当承担的责任。侵权责任，是指行为人因过错侵害他人财产、人身，依法应当承担的责任，以及没有过错，在造成损害以后，依法应当承担的责任。[1] 合同的一般规则是规范交易过程并维护交易秩序的基本规则。[2] 现代法律理论中，侵权法所关注的是对结果负责。[3] 这种"契约—侵权"二分法民事责任体系并非一蹴而就，而是经历了相当漫长的历史过程。[4] 违约责任与侵权责任的区别体现在四个方面。第一，违反的义务不同。违约责任违反约定义务，侵权责任违反法定义务。第二，侵

---

[1] 王利明、杨立新、王轶、程啸：《民法学》（第6版）（上册），法律出版社2020年版，第266页。

[2] 王利明、崔建远：《合同法新论·总则》，中国政法大学出版社1996年版，第1页。

[3] [美]朱尔斯·科尔曼、斯科特·夏皮罗主编：《牛津法理学与法哲学手册》，朱振等译，上海三联书店2017年版，第644页。

[4] 邱雪梅：《民事责任体系重构》，法律出版社2009年版，第35页。

害的对象不同。违约责任侵害的是相对权，侵权责任侵害的是绝对权。第三，基础法律关系不同。违约关系的当事人之间存在合同关系，侵权关系的当事人之间不存在基础法律关系。第四，侵害后果不同。违约行为的后果限于财产损失，侵权行为的后果包括财产损失，也包括人身和精神损失。缔约过失责任，是指合同不成立、无效、被撤销或者不被追认，当事人一方因此受有损失，对方当事人对此有过错的，应当赔偿受害人的损失。

  以责任归咎的根据为标准，可以将民事责任分为过错责任、严格责任和过错推定责任。过错责任，是指在一方违反民事义务并致他人损害时，应当以过错作为确定责任的要件和确定责任范围的依据的责任。严格责任，是指在法律有特殊规定的情况下，对已经发生的损害结果，不考虑与损害结果有因果关系的行为人对损害的发生是否有过错，都要承担侵权责任。过错推定责任，又称过失责任，是指行为人侵害他人民事利益，依据法律的规定，推定行为人具有过错，如行为人不能证明自己没有过错的，应当承担侵权责任。[①] 三者的区别在于，责任人主观上是否存在过错对于责任承担的意义不同。对于过错责任，有过错才有责任，无过错就无责任。绝大多数的侵权责任都属于过错责任。对于严格责任，无论有无过错，只要满足其构成要件，责任即告成立。但是，责任人往往可以对其责任提出抗辩或者享有若干免责事由。违约责任就属于严格责任。对于过错推定责任，责任人如果不能

[①] 王利明、杨立新、王轶、程啸：《民法学》（第6版）（上册），法律出版社2020年版，第267页。

第十八章 民事责任：出来混，要还的

证明自己没有过错，即推定其有过错，并将承担相应责任。过错推定责任一般由法律规定，物件致人损害、机动车交通事故、部分医疗侵权等情形就以法律规定适用过错推定责任。

以责任承担的形态为标准，可以将民事责任分为按份责任、连带责任和不真正连带责任。按份责任，是指多数当事人按照法律规定或者合同约定，各自承担一定份额的责任。连带责任，是指当事人按照法律的规定或者合同的约定，连带地向权利人承担责任。不真正连带责任，是指数个责任人基于不同原因而依法对同一被侵权人承担全部的赔偿责任，某一责任人在承担责任后，有权向终局责任人要求全部追偿。[1] 这三种责任的联系在于，三者都是多数人责任，即责任人是两个或两个以上。其区别在于，按份责任和连带责任均可依约定或依法定产生，不真正连带责任一般依法定产生；在对外关系上，按份责任人的责任份额是确定的，而连带责任和不真正连带责任均需承担全部责任；在对内关系上，按份责任的责任人之间不存在相互追偿的问题，连带责任的责任人在承担全部责任之后导致连带责任消灭，而不真正连带责任的责任人在承担责任之后可以向终局责任人追偿。

---

[1] 王利明、杨立新、王轶、程啸：《民法学》（第6版）（上册），法律出版社2020年版，第268页。

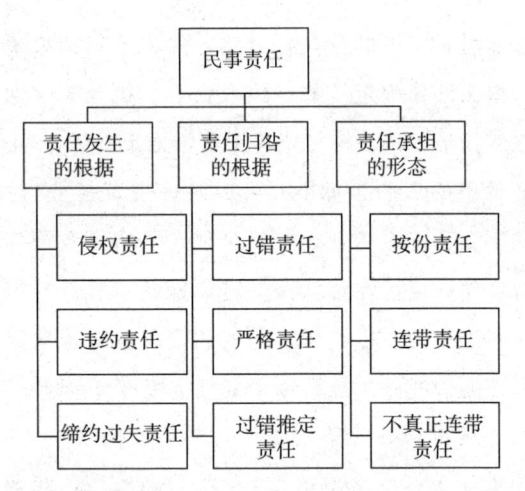

```
                    ┌──────────┐
                    │ 民事责任 │
                    └────┬─────┘
        ┌────────────────┼────────────────┐
   ┌────┴────┐      ┌────┴────┐      ┌────┴────┐
   │责任发生 │      │责任归咎 │      │责任承担 │
   │的根据   │      │的根据   │      │的形态   │
   └────┬────┘      └────┬────┘      └────┬────┘
   ┌────┴────┐      ┌────┴────┐      ┌────┴────┐
   │侵权责任 │      │过错责任 │      │按份责任 │
   └────┬────┘      └────┬────┘      └────┬────┘
   ┌────┴────┐      ┌────┴────┐      ┌────┴────┐
   │违约责任 │      │严格责任 │      │连带责任 │
   └────┬────┘      └────┬────┘      └────┬────┘
   ┌────┴────┐      ┌────┴────┐      ┌────┴────┐
   │缔约过失 │      │过错推定 │      │不真正连 │
   │责任     │      │责任     │      │带责任   │
   └─────────┘      └─────────┘      └─────────┘
```

民事责任的承担方式

民事责任承担方式，是指行为人承担民事责任的具体方法。也就是说，民事责任的承担方式是行为人具体承担法律上不利后果的方式，或民事责任的具体体现。[①] 可千万别把责任承担方式看得太简单，责任承担方式事实上是确定责任构成要件的前提。[②]《民法典》第179条规定了12种责任承担方式，具体包括：停止侵害，排除妨碍，消除危险，返还财产，恢复原状，修理、重作、更换，继续履行，赔偿损失，支付违约金，消除影响、恢复名誉，赔礼道歉以及惩罚性赔偿。不同的责任承担方式往往对应着不同的归责原则。[③] 我们称之为多元责任承担方式。这种操作的好处

---

① 王利明、杨立新、王轶、程啸：《民法学》（第6版）（上册），法律出版社2020年版，第269页。
② 王轶：《论侵权责任承担方式》，载《中国人民大学学报》2009年第3期。
③ 魏振瀛：《侵权责任方式与归责事由、归责原则的关系》，载《中国法学》2011年第2期。

有两个方面，一是能够实现被害人的利益，二是能够强化被害人的救济。其中的道理也很简单，同样是惹老婆生气之后赔礼道歉，单纯跪键盘的效果肯定不如先送个镯子之后再跪键盘。如果搞得好，送过礼物之后，没准儿键盘就不用跪了也说不定。

《民法典》第179条规定的民事责任承担方式可以分为三类，分别是救济性的责任方式、预防性的责任方式和惩罚性的责任方式。救济性的责任方式，是指以救济受害人为目的的侵权责任方式。预防性的责任方式，是指以预防损害的实际发生为目的的民事责任方式。惩罚性的责任方式，是指以惩罚侵权人为目的的民事责任方式。救济性责任方式的功能在于对受害人的完全赔偿，几乎适用于所有民事案件。预防性责任方式的功能在于预防损害实际发生，适用于行为人危及他人人身、财产安全的情形。惩罚性责任方式的功能在于惩罚侵权人，适用于法律特别规定的例外情形。各类民事责任的承担方式可以单独适用，也可以合并适用。

停止侵害可适用于各种侵权行为，能够及时制止侵害行为，防止侵害后果扩大。对尚未发生或已经终止的侵权行为则不能适用。排除妨碍针对的妨碍需要满足三个条件，妨害行为必须是不正当的；妨碍可以是实际存在的，也可以是将来可能出现的；妨碍是权利人行使权利的障碍。消除危险针对损害尚未实际发生，也没有妨碍他人权利的行使，但行为人的行为却有可能造成损害后果。返还财产包括三种情况，返还不当得利；返还依民事法律行为所作的给付；非法侵占他人财产的，应当返还原物。恢复原状有广义和狭义两种含义。广义的恢复原状，是指恢复权利被侵犯前的原有状态。狭义的恢复原状，是指将损害的财产修复。侵权法上的恢复原状主要是狭义的恢复原状。修理，是指行为人造成他人财产损毁或交付的标的物不合格，权利人有权要求行为人对财产进行修缮，以恢复原状或符合合同的要求。重做，是指行为人造成他人损害或者违反合同约定，则权利人有权要求行为人按照原物予以重新制作。更换，是指行为人造成他人财产毁损，或交付的标的物不合格，则权利人有权要求行为人另行交付同等质量、同等数量的标的物。继续履行，也称实际履行，是指一方违约，另一方有权要求其依据合同的规定继续履行。赔偿损失，是指行为人因违反合同或侵权行为而给他人造成损害的，应以其财产赔偿受害人所受的损失。支付违约金一般是违约责任的承担方式。违约金，是指当事人通过协商预先确定的，在违约发生后作出的独立于履行行为以外的给付。消除影响，是指行为人因其侵害了公民或法人的人格权应承担的在影响所及范围内消除不良后果的一种责任形式。恢复名誉，是指行为人因其行为侵害了公民或法人的名誉应在影响所及的范围内将受害人的名誉恢复至未受到侵害时的状态的一种责任形式。赔礼道歉，是指责令违法行为人向受害人公开认错、表示歉意。惩罚性赔偿，也称惩戒性的赔偿或报复性的赔偿，是指法院作出决定的赔偿数额超出实际损害数额的赔偿。

民事责任的减轻和免除

并不是所有给别人造成损失的行为都需要承担责任。还有一个因素是不能被忽略的，那就是在给别人造成损失的过程中，这个造成损失的人是不是有什么在主观上应该尽到却没有尽到的注意。如果有，就会导致责任的发生；如果没有，很有可能这事儿

第十八章 民事责任：出来混，要还的

也就这么算了。当然也有一些情况，比如正当防卫、紧急避险、不可抗力、见义勇为、紧急救助等，在这些行为过程中，就算给别人造成了实际的损失，主观上也有过错，但不用承担责任。我们称之为民事责任的减轻和免除事由。

免责事由，也称抗辩事由，是指减轻或免除行为人责任的理由。广义的免责事由包括减轻和免除行为人责任的事由。狭义的免责事由仅包括免除行为人责任的事由。[1] 免责事由有三个特点。第一，免责事由是免除或减轻责任的事由；第二，免责事由主要由法律规定；第三，事由一旦成立，就导致责任人的责任免除或减轻。

不可抗力，是指独立于人的行为之外，并且不受当事人意志所支配的现象，包括自然现象和社会现象。[2] 除法律另有规定外，原则上不可抗力都可以作为免责事由。不可抗力的特征在于，不可抗力是一种客观情况。不可抗力是不可预见的客观情况；不可抗力是不可避免并不能克服的情况。

正当防卫，是指当公共利益、他人或本人的人身利益或其他利益受到不法侵害时，行为人所采取的一种防卫措施。[3] 必要的限度，也称必须限度，是指为了制止不法侵害，正当防卫必须具有足以有效制止侵害行为的应有强度。

紧急避险，是指为了公共利益、本人或他人的合法权益免受

---

[1] 王利明、杨立新、王轶、程啸：《民法学》（第6版）（上册），法律出版社2020年版，第273页。

[2] 王利明、杨立新、王轶、程啸：《民法学》（第6版）（上册），法律出版社2020年版，第274页。

[3] 王利明、杨立新、王轶、程啸：《民法学》（第6版）（上册），法律出版社2020年版，第275页。

现实和紧急的损害危险,不得以采取的致他人和本人损害的行为。[①] 正当防卫和紧急避险的联系在于,二者均是排除损害的合法行为。正当防卫和紧急避险的区别在于,正当防卫中的危险来自人的行为,紧急避险中的危险来自人的行为或自然原因;正当防卫针对实施不法侵害的行为人,紧急避险针对第三人或紧急避险人,一般不会损害非法行为人。紧急避险的效力包括,第一,引起险情的人承担责任;第二,如果险情由自然原因引起,紧急避险人不承担或适当承担责任;第三,紧急避险措施不当或超过必要限度需要承担适当的责任。

因见义勇为使自己遭受损害是指,因保护他人民事权益使自己受到损害的,由侵权人承担民事责任,受益人可以给予适当补偿。没有侵权人、侵权人逃逸或者无力承担民事责任,受害人请求补偿的,受益人应当给予适当补偿。[②] 受益人主要补偿需要满足以下构成要件:第一,实施了防止、制止他人民事权益被侵害的行为;第二,被侵权人因保护他人民事权益而使自己的权益受到了损害;第三,没有侵权人、侵权人逃逸或无力承担责任;第四,受害人向受益人请求补偿。

紧急救助造成损害的豁免主要是指好人条款。好人条款是指,因自愿实施紧急救助行为造成受助人损害的,救助人不承担民事责任。紧急救助造成损害的豁免需要满足以下三项条件:第一,

---

[①] 王利明、杨立新、王轶、程啸:《民法学》(第6版)(上册),法律出版社2020年版,第276页。

[②] 王利明、杨立新、王轶、程啸:《民法学》(第6版)(上册),法律出版社2020年版,第277页。

救助人实施了紧急救助行为;第二,救助人必须是自愿实施救助行为;第三,救助人实施了无偿救助行为。

违约责任和侵权责任的竞合

这世界上总有一些很巧的事情。比如说,华盛顿和乾隆皇帝是同一年去世的。莎士比亚和汤显祖也是同一年去世的。就民事责任而言,也有可能发生很巧的事情,那就是同一事实导致不同责任的产生。我们称之为违约责任与侵权责任的竞合。

民事责任竞合,是指同一事实符合数个责任的构成要件,同时产生数个责任。竞合,是指由于某种法律事实的出现而导致两种或两种以上的请求权产生,并使这些权利之间发生并存、冲突的现象。违约责任和侵权责任的竞合,是指当事人实施违法行为,既符合违约责任的构成要件又符合侵权责任的构成要件,受害人可以选择主张违约责任或侵权责任。[1] 违约责任和侵权责任竞合有四个特点。[2] 第一,行为人违反了合同约定,也侵害了他人的合法权益;第二,行为人的行为同时符合违约责任和侵权责任的构成要件;第三,数个责任之间相互冲突;第四,受害人依法只能选择一种请求权行使。对于责任竞合而言,有个很形象的比喻。违约责任和侵权责任都像是一张通往民事责任大门的门票。在发生责任竞合的情况下,当事人只能选择一种门票。而且,选择一种就意味着放弃另外一种。

---

[1] 王利明、杨立新、王轶、程啸:《民法学》(第6版)(上册),法律出版社2020年版,第282页。
[2] 王利明、杨立新、王轶、程啸:《民法学》(第6版)(上册),法律出版社2020年版,第281页。

第十九章

时效和期间：天青色等烟雨

天青色指的是瓷器的一种颜色。这种颜色的瓷器是由柴窑烧制而成。这柴窑来头不小，是周世宗柴荣立名的御窑。其实，这天青色到底是怎样的青，取决于大气分子和悬浮在大气中的微小粒子等介质对太阳光散射的结果。当太阳光通过大气时，频率较高的绿、蓝、紫色光最容易被散射；而频率较低的红、橙、黄色光散射得较弱，由于这种综合效应，天空呈现出蔚蓝色。可见，天空是什么颜色，天自己说的并不算。不过，如何描摹雨霁之后的天空就见仁见智了。天青色这词儿能出圈儿，多少还是借助周杰伦的那首《青花瓷》。既然这天青色来自"雨过青天云破处"，那么要天青色自然要"等烟雨"。既然要等，自然要花时间；既然要花时间，自然要有个期限；既然有了期限，自然就有了效力。我们要聊一聊关于时间的法律效力。最后一章，不玩梗了，硬来。

时效的概念

做事情，总要有个期限。没有期限的话，事情就很有可能一拖再拖，最后活活拖黄了也不是不可能。所以，老师在布置任务的时候通常会指定一个期限。过了 deadline（DDL），却没交作业

第十九章 时效和期间：天青色等烟雨

通常不会有啥好事儿等着。所以有人说 DDL 是第一生产力，此言非虚。民法上也有类似的规则，叫作时效。

时效，是时间的法律效力，是指一定的事实状态在法定期间内持续存在，从而产生与真实状态相适应的法律效力的法律制度。① 时效的特征在于，第一，时效以一定的事实状态的存在和持续为前提。一定事实状态持续存在无论其与真实权利状态是否一致，民事主体都已经在该状态下正常生活，且具有一定稳定性。第二，时效以一定期间的经过为要素。一定时间经过，无权占有人取得一定法律上的权利，即取得时效；一定时间经过，权利人丧失一定法律上的权利，即消灭时效。第三，时效是法律事实。时效与含有当事人意志的行为性质不同，不属于行为，而属于法律事实。时效是某种状态的持续存在，不属于事件，而属于法律事实。时效主要有三项功能。② 第一，督促权利人及时行使权利。时效的重要内容之一是，权利人享有权利但不积极行使权利，将产生权利消灭或效力减损的法律效果。法律保护积极行使权利的人。第二，维护既定法律秩序的稳定。一定事实状态的持续必然产生相应的法律秩序，这一法律秩序应当得到维护。如果权利人在相当长的时间经过之后行使权利，会打破既定秩序，不利于法律秩序的稳定。第三，有利于证据的收集和判断，并及时解决纠纷。民事证据收集时间越久诉累越重，时效有利于证据收集和判

---

① 魏振瀛主编：《民法》（第 7 版），北京大学出版社、高等教育出版社 2017 年版，第 206 页；王利明、杨立新、王轶、程啸：《民法学》（第 6 版）（上册），法律出版社 2020 年版，第 285 页；梁慧星：《民法总论》（第 5 版），法律出版社 2017 年版，第 248 页。

② 王泽鉴：《民法总则》，北京大学出版社 2009 年版，第 492 页；王利明、杨立新、王轶、程啸：《民法学》（第 6 版）（上册），法律出版社 2020 年版，第 286 页。

223

断，及时解决纠纷。时效的类型有两种。① 取得时效，又称占有时效，是指占有他人动产、不动产或者其他财产权的事实状态经过一定期限以后，将取得该动产或不动产的所有权或其他财产权。诉讼时效，又称消灭时效，是指权利人于一定期间内不行使请求权即丧失请求法院保护其权利的权利。

我国民法没有规定取得时效。《民法通则》受苏联民法理论影响，没有采纳取得时效制度。理由在于，立法者认为取得时效承认非所有权人可以基于占有取得他人的所有权，与国家提倡的"拾金不昧""公物还家"等美德不符。② 《民法总则》采纳《民法通则》的做法，没有规定取得时效。《民法典》吸收《民法总则》的规定，也没有规定取得时效。所以，我们聊的时效就是消灭时效，只不过为了避免名称可能产生的歧义，我们称之为诉讼时效。

诉讼时效

诉讼时效，是指权利人在法定期间内不行使权利即导致义务人有权提出拒绝履行的抗辩权的法律制度。③ 之所以采用这样一个令人不明觉厉的名字，一是由于这项制度普遍适用于诉讼和仲裁之中；二是为了避免消灭时效这个名称可能产生的歧义。诉讼时效有三个特点。第一，法定性。诉讼时效是一种法定期间，当事人不能约定，约了也没用。第二，强制性。诉讼时效的强制体

---

① 王利明、杨立新、王轶、程啸：《民法学》（第6版）（上册），法律出版社2020年版，第287页。
② 佟柔主编：《中国民法》，法律出版社1990年版，第603页。
③ 王利明、杨立新、王轶、程啸：《民法学》（第6版）（上册），法律出版社2020年版，第288页。

现在，禁止当事人以约定排除诉讼时效的适用；禁止当事人延长或缩短时效期间；禁止当事人约定时效计算方法；禁止当事人约定时效中止和中断的事由。第三，体现义务人的时效利益。所谓时效利益，是指诉讼时效期间届满之后，权利人丧失请求法院依诉讼程序强制义务人履行义务的权利，义务人因此可以不履行义务，继而获得其本不应获得的利益。[1]

诉讼时效期间，又称时效期间，是指权利人请求人民法院保护其民事权利的法定期间。[2]《民法典》上规定的时效期间共有三种，普通诉讼时效期间、特别诉讼时效期间和最长诉讼时效期间。普通诉讼时效期间，是指由民事基本法规定的普遍适用于应当适用时效的各种法律关系的时效期间。普通时效就是 3 年。特别诉讼时效期间，是指由民事基本法或特别法针对某些民事法律关系规定的时效期间。例如，《民法典》第 594 条规定的特别时效期间为 4 年。其他特别时效期间基本上规定在《海商法》《票据法》等民事特别法里，从 1 年到 6 年都有。[3] 最长诉讼时效期间，又称绝对时效期间，是指不适用诉讼时效中止、中断规定的时效期间。《民法典》上规定的最长时效期间是 20 年。对于最长诉讼时效期

---

[1] 王利明：《民法总则研究》（第 3 版），中国人民大学出版社 2018 年版，第 760—761 页。

[2] 王利明、杨立新、王轶、程啸：《民法学》（第 6 版）（上册），法律出版社 2020 年版，第 290 页。

[3] 周江洪：《诉讼时效期间及其起算与延长——〈民法总则〉第 188 条评释》，载《法治研究》2017 年第 3 期。

间是否可以延长，有肯定说和否定说两种主张。① 最长诉讼时效期间的延长需具备"特殊情况"。所谓特殊情况，是指权利人由于客观的障碍在法定诉讼时效期间不能行使请求权。从最长诉讼时效期间的制度目的来看，不知权利受到损害及义务人，不应构成"特殊情况"。因导致诉讼时效期间中止的事由持续存在，致使权利人未能在最长诉讼时效期间内行使请求权的，可以作为"特殊情况"对待。此外，最长诉讼时效的延长还需满足两项条件。其一，须诉讼时效期间已届满。若未届满，无须延长。其二，须权利人请求法院延长诉讼时效期间。②

诉讼时效的适用范围，又称诉讼时效的客体，诉讼时效的适用范围原则上限于债权请求权，物权请求权不适用诉讼时效。债权请求权是特定的债权人请求债务人为或不为一定行为的权利。合同之债、侵权之债、无因管理之债、不当得利之债均可适用诉讼时效。物权请求权是基于物权而产生的请求权。此类请求权不适用诉讼时效。诉讼时效适用于债权请求权的原因在于，第一，请求权的实现有赖于相对人为或不为一定行为，这是一种负担，这种负担不能无期限的存在。第二，如义务人不履行义务，权利人有权请求法院保护其权利的实现，这种保护应当有期限的限制。第三，时效的效果在于产生抗辩权，而抗辩权仅能相对于请求权

---

① 肯定说认为，最长诉讼时效期间可以延长。梁慧星：《民法总论》（第5版），法律出版社2017年版，第260页。否定说认为，最长诉讼时效期间不能延长。王利明：《民法总则研究》（第3版），中国人民大学出版社2018年版，第777页。

② 周江洪：《诉讼时效期间及其起算与延长——〈民法总则〉第188条评释》，载《法治研究》2017年第3期。

存在，因此诉讼时效适用于请求权。诉讼时效不适用于物权请求权的原因在于，第一，物权请求权是物权效力的具体体现，包含在物权权能之中，与物权共同存在。由于物权不适用诉讼时效的规定，因此作为物权一部分的请求权也不会因诉讼时效而消灭。第二，物权请求权的主要功能是保证对物的圆满支配，是保护物权的特殊方法，如果因时效而消灭，会导致物权成为一种空洞的权利。第三，对于排除妨害、消除危险等物权请求权，由于其针对持续性侵害行为，确定时效的起算点比较困难。

既然诉讼时效原则上适用于债权请求权，不适用于物权请求权。那么，就一定有例外。第一，《民法典》第462条第2款规定，"占有人返还原物的请求权，自侵占发生之日起一年内未行使的，该请求权消灭。"可见，占有人的占有返还请求权不适用诉讼时效。但是，权利人基于侵权行为主张权利的，适用诉讼时效的规定。第二，《民法典》第196条规定了四种不适用诉讼时效的请求权。一是请求停止侵害、排除妨碍、消除危险。此外，人格权请求权也不适用诉讼时效。二是不动产物权和登记的动产物权的权利人请求返还财产。三是请求支付抚养费、赡养费或者扶养费。四是依法不适用诉讼时效的其他请求权。例如，支付存款本金及利息请求权。

诉讼时效作为一种法定期间，需要明确的起点。诉讼时效期间的起算，是指诉讼时效期间开始计算的时点。一般来说，诉讼时效期间自权利人知道或应当知道权利受到损害及义务人之日起计算。这需要满足三个条件。一是必须是权利在客观上受到损害；二是从权利人知道或者应当知道其权利遭受侵害之时起算；三是权利人知道或者应当知道其权利遭受侵害还应当包括知道具体义务人。此外，还有三种特殊情形。分期履行债务中的诉讼时效起算中，分期支付债务自最后一期履行期限届满之日起计算。无民事行为能力人或者限制民事行为能力人对其法定代理人的请求权的诉讼时效期间，自该法定代理终止之日起计算。未成年人遭受性侵害的损害赔偿请求权的诉讼时效期间，自受害人年满18周岁之日起计算。明确了诉讼时效的起点，自然就有了确定的终点。但是，诉讼时效作为一种可变期间还需要解决中断、中止和延长的问题。诉讼时效期间的中断，是指诉讼时效进行中因法定事由的发生，推翻了诉讼时效存在的基础，因此，使已经进行的期间全部归于无效，诉讼时效重新起算。诉讼时效期间中止，是指在诉讼时效期间进行中，因发生一定的法定事由使权利人不能行使请求权，从而暂时停止计算诉讼时效期间。诉讼时效期间的延长，是指在诉讼时效期间届满以后，权利人基于某种正当理由，而要求人民法院根据具体情况延长时效期间，经人民法院依职权决定延长。简单地说，如果把诉讼时效比作权利倒计时的秒表。那么，诉讼时效的中断就相当于将秒表归零，重新开始计算；诉讼时效的中止就相当于将秒表暂停，待中止事由消失后再继续计时；诉讼时效的延长就相当于将秒表的倒计时延长。普通时效和特殊时效可以中止、中断，但不能延长；最长时效，不能中止、中断，但可以延长。此外，一个很有趣的问题是诉讼时效发生种种变化的原因往往表现为某种事实，但如何在诉讼过程中有效地呈现事实则并不容易。①

诉讼时效届满之后，义务人有权拒绝给付，但时效并不是请求权消灭的原因，只是给义务人提供了抗辩权。② 《民法典》改变了《民法通则》的做法，采用抗辩权发生主义的立场，时效完成后，只是发生抗辩权产生的效果，即义务人取得拒绝履行的抗辩权，权利人实体权利与诉权均不消灭。时效届满后，义务人享有拒绝履行的抗辩权；其义务转化为自然义务。权利人的实体权利仍然存在，转化为自然权利，仍可受领义务人的给付；权利人诉权仍然存在，可以向人民法院提起诉讼，人民法院应当受理。

除斥期间

期间是与时效紧密相关的概念。期间，是指具有一定法律意义的一段时间。民法上的期间按照是否可变，分为可变期间和不变期间。诉讼时效是可变期间，除斥期间是不变期间。按照期间产生的方式，可以分为法定期间、意定期间和指定期间。法定期间的产生基于法律规定产生，例如第692条规定的保证期间。意定期间基于约定产生。指定期间基于法院或其他机关的指定产生。

除斥期间，是指法律直接规定或当事人依法确定的某些形成权的预定存续期间，因该期间经过，该权利当然消灭。③ 按《民法典》第199条的规定，法律规定或者当事人约定的撤销权、解除权等权利的存续期间，除法律另有规定外，自权利人知道或者

---

① 霍海红：《诉讼时效中断证明责任的中国表达》，载《中外法学》2021年第2期。
② ［德］拉伦茨：《德国民法通论》（下），王晓晔等译，法律出版社2003年版，第345—347页。
③ 史尚宽：《民法总论》，中国政法大学出版社2000年版，第562页。

应当知道权利产生之日起计算,不适用有关诉讼时效中止、中断和延长的规定。存续期间届满,撤销权、解除权等权利消灭。

  除斥期间与诉讼时效的联系在于,二者均是对权利行使的一种时间限制;督促权利人及时行使权利、保持社会关系稳定;是民事法律事实中的状态;因一定时间的经过而使法律关系发生变动。二者的区别在于五个方面。第一,适用对象不同。诉讼时效适用于债权请求权,诉讼时效在民法总则中统一规定;除斥期间主要适用于撤销权、解除权等形成权,相关规定散见于各民事法律规范。第二,能否由当事人约定不同。诉讼时效不得由当事人约定;除斥期间可以基于法律规定或当事人约定。第三,是否适用中止、中断和延长不同。诉讼时效属于可变期间,可以因法定事由中止、中断和延长;除斥期间属于不变期间,不得中止、中断和延长。第四,届满后的法律效果不同。诉讼时效届满后,相关请求权并不消灭,仅使义务人取得抗辩权;除斥期间届满后,权利本身即告消灭。第五,是否允许法院主动援引不同。法院不得主动依职权审查诉讼时效;法院有权依职权审查除斥期间。

参考文献

一、教材

1. 王利明、杨立新、王轶、程啸：《民法学》（第6版）（上、下册），法律出版社2020年版。

2. 《民法学》编写组：《民法学》，高等教育出版社2019年版。

3. 王利明、杨立新、王轶、程啸：《民法学》（第5版），法律出版社2017年版。

4. 梁慧星：《民法总论》（第5版），法律出版社2017年版。

5. 魏振瀛主编：《民法》（第7版），北京大学出版社、高等教育出版社2017年版。

6. 徐国栋：《民法总论》，高等教育出版社2007年版。

7. 江平主编：《民法学》，中国政法大学出版社2007年版。

8. 杨立新主编：《民法》（第3版），中国人民大学出版社2005年版。

9. 余能斌：《民法学》，中国人民公安大学出版社、人民法院出版社2003年版。

10. 龙卫球：《民法总论》（第2版），中国法制出版社2002年版。

11. 刘定华、屈茂辉主编：《民法学》，湖南人民出版社2001年版。

12. 尹田主编：《民法教程》，法律出版社 1997 年版。

13. 佟柔主编：《中国民法》，法律出版社 1990 年版。

14. 张文显主编：《法理学》（第 5 版），高等教育出版社 2018 年版。

15. 谢晖、陈金钊：《法理学》，高等教育出版社 2005 年版。

16. 徐显明主编：《法理学教程》，中国政法大学出版社 1999 年版。

二、评注书

1. 黄薇主编：《中华人民共和国民法典总则编解读》，中国法制出版社 2020 年版。

2. 王利明主编：《中国民法典释评》，中国人民大学出版社 2020 年版。

3. 最高人民法院民法典贯彻实施工作领导小组主编：《中华人民共和国民法典总则编理解与适用》（上、下册），人民法院出版社 2020 年版。

4. 陈甦主编：《民法总则评注》（上、下册），法律出版社 2017 年版。

5. 李适时主编：《中华人民共和国民法总则释义》，法律出版社 2017 年版。

6. 黄薇主编：《中华人民共和国民法典释义》（上、中、下册），法律出版社 2020 年版。

7. 朱庆育主编：《中国民法典评注·条文选注》（第 1 册），中国民主法制出版社 2021 年版。

8. 杨代雄主编：《袖珍民法典评注》，中国民主法制出版社

2022 年版。

三、专著

1. 张文显：《二十世纪西方法哲学思潮研究》，法律出版社 2006 年版。

2. 张文显：《法学基本范畴研究》，中国政法大学出版社 1993 年版。

3. 周枏：《罗马法原论》（上、下册），商务印书馆 2014 年版。

4. 严存生主编：《西方法律思想史》（第 3 版），法律出版社 2015 年版。

5. 彭小瑜：《教会法研究》，商务印书馆 2003 年版。

6. 刘新利：《基督教与德意志民族》，商务印书馆 2000 年版。

7. 戴东雄：《中世纪意大利法学与德国的继受罗马法》，元照出版公司 1999 年版。

8. 舒国滢：《法学的知识谱系》，商务印书馆 2020 年版。

9. 何勤华：《西方法学史》，中国政法大学出版社 1996 年版。

10. 佟柔主编：《民法原理》，法律出版社 1983 年版。

11. 佟柔主编：《中国民法学·民法总则》，中国人民公安大学出版社 1990 年版。

12. 佟柔主编：《中国民法学·民法总则》，人民法院出版社 2008 年版。

13. 佟柔、赵中孚、郑立主编：《民法概论》，中国人民大学出版社 1982 年版。

14. 张俊浩主编：《民法学原理》，中国政法大学出版社 1991 年版。

15. 谢怀栻：《谢怀栻法学文选》，中国法制出版社 2002 年版。

16. 江平主编：《法人制度论》，中国政法大学出版社 1994 年版。

17. 马俊驹、余延满：《民法原论》（第 4 版），法律出版社 2010 年版。

18. 王利明：《民法总则研究》（第 3 版），中国人民大学出版社 2018 年版。

19. 王利明：《合同法研究》（第 1 卷）（第 3 版），中国人民大学出版社 2015 年版。

20. 崔建远：《民法总则：具体与抽象》，中国人民大学出版社 2017 年版。

21. 梁慧星：《民法解释学》（第三版），法律出版社 2009 年版。

22. 梁慧星：《中国民法典草案建议稿附理由》，法律出版社 2013 年版。

23. 张鸣起主编：《民法总则专题讲义》，法律出版社 2019 年版。

24. 徐国栋：《民法哲学》（增订版），中国法制出版社 2015 年版。

25. 徐国栋主编：《罗马法与现代民法》（第 2 卷），中国法制出版社 2001 年版。

26. 徐国栋：《民法基本原则解释——以诚实信用原则的法理分析为中心》（增删本），中国政法大学出版社 2004 年版。

27. 徐国栋：《民法基本原则解释——诚信原则的历史、实务、法理研究》，北京大学出版社 2013 年版。

28. 王泽鉴：《法律思维与民法实例》，中国政法大学出版社 2001 年版。

29. 王泽鉴：《民法总则》，中国政法大学出版社 2001 年版。

30. 王泽鉴：《债法原理》（第 1 册），中国政法大学出版社 2001 年版。

31. 郑玉波：《民法总则》，中国政法大学出版社 2003 年版。

32. 韩忠谟：《法学绪论》，中国政法大学出版社 2002 年版。

33. 史尚宽：《民法总论》，中国政法大学出版社 2000 年版。

34. 梅仲协：《民法要义》，中国政法大学出版社 1998 年版。

35. 胡长清：《中国民法总论》，中国政法大学出版社 1997 年版。

36. 曾世雄：《损害赔偿法原理》，中国政法大学出版社 2001 年版。

37. 林诚二：《民法理论与问题研究》，中国政法大学出版社 2000 年版。

38. 李开国：《民法基本问题研究》，法律出版社 1997 年版。

39. 瞿同祖：《中国法律与中国社会》，商务印书馆 2010 年版。

40. 顾祝轩：《民法概念史·总则》，法律出版社 2014 年版。

41. 顾祝轩：《制造拉伦茨神话：德国法学方法论史》，法律出版社 2011 年版。

42. 朱晓喆：《近代欧陆民法思想史——十六至十九世纪》，清华大学出版社 2010 年版。

43. 朱庆育：《民法总论》（第 2 版），北京大学出版社 2016

235

年版。

44. 朱慈蕴：《公司法人格否认法理研究》，法律出版社 1998 年版。

45. 施天涛：《公司法论》（第 3 版），法律出版社 2014 年版。

46. 杨立新：《人身权法论》，人民法院出版社 2002 年版。

47. 方新军：《权利客体论》，中国政法大学出版社 2012 年版。

48. 王涌：《私权的分析与建构：民法的分析法学基础》，北京大学出版社 2020 年版。

49. 吴香香：《民法典请求权基础检索手册》，中国法制出版社 2021 年版。

50. 姚辉：《民法的精神》，法律出版社 1998 年版。

51. 董安生：《民事法律行为——合同、遗嘱和婚姻行为的一般规律》，中国人民大学出版社 1994 年版。

52. 汪渊智：《代理法论》，北京大学出版社 2015 年版。

53. 江帆：《代理法律制度研究》，中国法制出版社 2004 年版。

54. 耿林：《强制规范与合同效力——以合同法第 52 条第 5 项为中心》，中国民主法制出版社 2009 年版。

55. 邱雪梅：《民事责任体系重构》，法律出版社 2009 年版。

56. 邱雪梅：《社会转型视野下民事责任之变迁》，暨南大学出版社 2015 年版。

57. 丁玫：《罗马法契约责任》，中国政法大学出版社 1998 年版。

58. 单少杰：《主客体理论批判》，中国人民大学出版社 1989 年版。

59. 杨代雄：《法律行为论》，北京大学出版社2021年版。

60. 杨代雄：《民法总论》，北京大学出版社2022年版。

四、译著

1. ［意］彼得罗·彭梵得：《罗马法教科书》，黄风译，中国政法大学出版社2018年版。

2. ［意］桑德罗·斯奇巴尼选编：《债·私犯之债·阿奎利亚法》，米健译，中国政法大学出版社1992年版。

3. ［意］贝卡利亚：《论犯罪与刑罚》，黄风译，中国方正出版社2004年版。

4. ［意］加林：《意大利人文主义》，李玉成译，生活·读书·新知三联书店1998年版。

5. ［法］盖斯旦：《法国民法总论》，谢汉琪等译，法律出版社2004年版。

6. ［葡］叶士朋：《欧洲法学史导论》，吕平义、苏健译，中国政法大学出版社1998年版。

7. ［葡］平托：《民法总论》，林炳辉等译，澳门法律翻译办公室、澳门大学法学院1999年版。

8. ［英］梅特兰等：《欧陆法律史概览》，屈文生等译，上海人民出版社2008年版。

9. ［英］梅因：《古代法》，沈景一译，商务印书馆1959年版。

10. ［英］霍布斯：《利维坦》，黎思复、黎廷弼译，商务印书馆1985年版。

11. ［美］穆尔：《基督教简史》，郭舜平等译，商务印书馆2000年版。

12. ［美］艾伦·沃森：《民法法系的演变及形成》，李静冰、姚新华译，中国政法大学出版社1997年版。

13. ［美］罗尔斯：《作为公平的正义：正义新论》，姚大志译，中国社会科学出版社2011年版。

14. ［美］凯斯·桑斯坦：《标签：社交媒体时代的众声喧哗》，陈颀、孙竞超译，中国民主法制出版社2021年版。

15. ［美］惠顿：《万国公法》，丁韪良译，中国政法大学出版社2003年版。

16. ［美］朱尔斯·科尔曼、斯科特·夏皮罗主编：《牛津法理学与法哲学手册》，朱振等译，上海三联书店2017年版。

17. ［德］H·科殷：《法哲学》，林荣远译，华夏出版社2003年版。

18. ［德］萨维尼：《法律冲突与法律规则的地域和时间范围》，李双元等译，法律出版社1999年版。

19. ［德］拉伦茨：《法学方法论》（第6版），黄家镇译，商务印书馆2020年版。

20. ［德］拉伦茨：《德国民法通论》（上下册），王晓晔等译，法律出版社2003年版。

21. ［德］拉伦茨：《法律行为解释之方法：兼论意思表示理论》，范雪飞、吴训祥译，法律出版社2018年版。

22. ［德］魏德士：《法理学》，丁晓春、吴越译，法律出版社2005年版。

23. ［德］弗卢梅：《法律行为论》，迟颖译，法律出版社2013年版。

24. ［德］梅迪库斯：《德国民法总论》，邵建东译，法律出版社 2013 年版。

25. ［德］汉斯·布洛克斯、沃尔夫·迪特里希·瓦尔克：《德国民法总论》（第 33 版），张艳译，中国人民大学出版社 2014 年版。

26. ［德］亚图·考夫曼：《类推与"事物本质"——兼论类型理论》，吴从周译，学林文化事业有限公司 1999 年版。

27. ［斯洛文尼亚］斯拉沃热·齐泽克：《意识形态的崇高客体》（第 2 版），季广茂译，中央编译出版社 2017 年版。

28. ［苏］阿列克谢耶夫：《法的一般理论》（上下册），黄良平等译，法律出版社 1991 年版。

29. ［荷］格劳秀斯：《战争与和平法》，何勤华等译，上海人民出版社 2005 年版。

30. ［奥］凯尔森：《法与国家的一般理论》，沈宗灵译，中国大百科全书出版社 2003 年版。

31. ［日］狭间直树：《梁启超·明治日本·西方：日本京都大学人文科学研究所共同研究报告》，社会科学文献出版社 2012 年版。

32. ［日］实藤惠秀：《中国人留学日本史》，谭汝谦、林启彦译，生活·读书·新知三联书店 1983 年版。

33. ［日］内田贵、大村敦志：《民法的争点》，张挺等译，中国人民大学出版社 2023 年版。

五、论文

1. 张文显：《规则·原则·概念——论法的模式》，载《现代法学》1989 年第 3 期。

2. 李建华：《回归民法体系的民事客体层级理论》，载《法律科学（西北政法大学学报）》2019 年第 4 期。

3. 李建华、何松威：《体系语境下知识产权客体理论的权利思维》，载《法学杂志》2019 年第 12 期。

4. 舒国滢：《波伦亚注释法学派：方法与风格》，载《法律科学（西北政法大学学报）》2013 年第 3 期。

5. 舒国滢：《评述法学派的兴盛与危机——一种基于知识论和方法论的考察》，载《中外法学》2013 年第 5 期。

6. 白斌：《论法教义学：源流、特征及其功能》，载《环球法律评论》2010 年第 3 期。

7. 谢鸿飞：《民法典的外部体系效应及其扩张》，载《环球法律评论》2018 年第 2 期。

8. 陈华彬：《潘德克吞体系的形成与发展》，载《上海师范大学学报》2007 年第 4 期。

9. 张翔：《基本权利的体系思维》，载《清华法学》2012 年第 4 期。

10. 杨明：《论民法原则的规则化——以诚信原则与情势变更原则为例》，载《法商研究》2008 年第 5 期。

11. 徐国栋：《市民社会与市民法——民法的调整对象研究》，载《法学研究》1994 年第 4 期。

12. 徐国栋：《客观诚信与主观诚信的对立统一问题——以罗马法为中心》，载《中国社会科学》2001 年第 6 期。

13. 徐国栋：《诚实信用原则二题》，载《法学研究》2002 年第 4 期。

14. 谢鸿飞：《论创设法律关系的意图：法律介入社会生活的限度》，载《环球法律评论》2012 年第 3 期。

15. 谢鸿飞：《论法律行为概念的缘起与法学方法》，载《私法》2003 年第 1 期。

16. 谢鸿飞：《〈民法典〉与"能量的释放"》，载《实证法学研究》2021 年第 5 期。

17. 易军：《民法公平原则新诠》，载《法学家》2012 年第 4 期。

18. 解亘：《格式条款内容规制的规范体系》，载《法学研究》2013 年第 2 期。

19. 王泽鉴：《诚实信用与权力滥用——我国台湾地区"最高法院"九一年台上字第七五四号判决评析》，载《北方法学》2013 年第 6 期。

20. 于飞：《民法基本原则：理论反思与法典表达》，载《法学研究》2016 年第 3 期。

21. 于飞：《公序良俗原则与诚实信用原则的区分》，载《中国社会科学》2015 年第 11 期。

22. 吕忠梅等：《"绿色原则"在民法典中的贯彻论纲》，载《中国法学》2018 年第 1 期。

23. 王轶：《论民法诸项基本原则及其关系》，载《杭州师范大学学报（社会科学版）》2013 年第 3 期。

24. 王轶：《论民事法律事实的类型区分》，载《中国法学》2013 年第 1 期。

25. 王轶：《论侵权责任承担方式》，载《中国人民大学学报》2009 年第 3 期。

26. 王轶：《合同效力认定的若干问题》，载《国家检察官学院学报》2010 年第 5 期。

27. 王轶：《民法典的规范配置——以对我国〈合同法〉规范配置的反思为中心》，载《烟台大学学报（哲学社会科学版）》2005 年第 3 期。

28. 陈泽佳：《梁启超对日本"和制汉语"的引介》，载《河北大学学报（哲学社会科学版）》2015 年第 4 期。

29. 王充：《问题类型划分方法视野下的犯罪概念研究》，载《中国人民大学学报》2012 年第 3 期。

30. 冯珏：《自然人与法人的权利能力——对于法人本质特征的追问》，载《中外法学》2021 年第 2 期。

31. 李永军：《论权利能力的本质》，载《比较法研究》2005 年第 2 期。

32. 李永军：《我国未来民法典中主体制度的设计思考》，载《法学论坛》2016 年第 2 期。

33. 李永军：《从〈民法总则〉第 143 条评我国法律行为规范体系的缺失》，载《比较法研究》2019 年第 1 期。

34. 朱广新：《民事行为能力制度的立法完善——以〈中华人民共和国民法总则（草案）〉为分析对象》，载《当代法学》2016 年第 6 期。

35. 朱广新：《法定代表人的越权代表行为》，载《中外法学》2012 年第 3 期。

36. 张保红：《权利能力的双重角色困境与主体资格制度重构》，载《法学家》2014 年第 2 期。

37. 沈建峰：《权利能力概念的形成和变迁》，载《北方法学》2011 年第 3 期。

38. 张新宝：《从〈民法通则〉到〈民法总则〉：基于功能主义的法人分类》，载《比较法研究》2017 年第 4 期。

39. 刘召成：《部分权利能力制度的构建》，载《法学研究》2012 年第 5 期。

40. 陈帮锋：《主观权利概念之理论检讨——以胎儿的民事权利能力问题为中心》，载《法学研究》2021 年第 5 期。

41. 赵旭东：《民法总则草案中法人分类体系的突破与创新》，载《中国人大》2016 年第 14 期。

42. 税兵：《非营利法人解释》，载《法学研究》2007 年第 5 期。

43. 柳经纬：《"其他组织"及其主体地位问题——以民法总则的制定为视角》，载《法制与社会发展》2016 年第 4 期。

44. 柳经纬：《民法典编纂中的法人制度重构——以法人责任为核心》，载《法学》2015 年第 5 期。

45. 柳经纬、亓琳：《比较法视野下的非法人组织主体地位问题》，载《暨南学报（哲学社会科学版）》2017 年第 4 期。

46. 柳经纬、尹腊梅：《民法上的抗辩与抗辩权》，载《厦门大学学报（哲学社会科学版）》2007 年第 2 期。

47. 肖海军：《民法典编纂中的非法人组织主体定位的技术进路》，载《法学》2016 年第 5 期。

48. 谭启平：《中国民法典法人分类和非法人组织的立法构建》，载《现代法学》2017 年第 1 期。

49. 尹田：《论非法人团体的法律地位》，载《现代法学》2003 年第 5 期。

50. 虞政平：《法人独立责任质疑》，载《中国法学》2001 年第 1 期。

51. 薛军：《法人人格权的基本理论问题探析》，载《法律科学》2004 年第 1 期。

52. 李锡鹤：《论法人的本质》，载《法学》1997 年第 2 期。

53. 张其鉴：《民法总则中非法人组织权利能力之证成》，载《法学研究》2018 年第 2 期。

54. 郭明瑞：《民法总则中非法人组织的制度设计》，载《法学家》2016 年第 5 期。

55. 曹相见：《权利客体的概念构造与理论统一》，载《法学论坛》2017 年第 5 期。

56. 刘德良：《民法学上权利客体与权利对象的区分及其意义》，载《暨南学报（哲学社会科学版）》2014 年第 9 期。

57. 刘翠霄：《论法律关系的客体》，载《法学研究》1988 年第 4 期。

58. 方新军：《权利客体的概念及层次》，载《法学研究》2010 年第 2 期。

59. 梅夏英：《民法权利客体制度的体系价值及当代反思》，载《法学家》2016 年第 6 期。

60. 许可、梅夏英：《一般人格权：观念转型与制度重构》，载《法制与社会发展》2014年第4期。

61. 麻昌华等:《论民法中的客体利益》,载《法商研究》1997年第2期。

62. 杨立新:《我国民事权利客体立法的检讨与展望》,载《法商研究》2015年第4期。

63. 杨立新:《个人信息:法益抑或民事权利——对〈民法总则〉第111条规定的"个人信息"之解读》,载《法学论坛》2018年第1期。

64. 郭明瑞:《人格、身份与人格权、人身权之关系——兼论人身权的发展》,载《法学论坛》2014年第1期。

65. 李锡鹤:《论民事客体》,载《法学》1998年第2期。

66. 李康宁:《"权利"在中国的诞生、成长与成型——从语汇到观念和制度的历史进路》,载《甘肃政法学院学报》2014年第1期。

67. 田涛:《丁韪良与〈万国公法〉》,载《社会科学研究》1999年第5期。

68. 刘士国:《类型化与民法解释》,载《法学研究》2006年第6期。

69. 马俊驹、申海恩:《关于私权类型体系的思考——从形成权的发现出发》,载《法学评论》2007年第3期。

70. 金可可:《论支配权概念——以德国民法学为背景》,载《中国法学》2006年第2期。

71. 金可可:《论温德沙伊德的请求权概念》,载《比较法研究》2005年第3期。

72. 汪渊智：《形成权理论初探》，载《中国法学》2003 年第 3 期。

73. 米健：《意思表示分析》，载《法学研究》2004 年第 1 期。

74. 章程：《论行政行为对法律行为效力的作用——从基本权理论出发的一个体系化尝试》，载《中国法律评论》2021 年第 3 期。

75. 朱庆育：《法律行为概念疏证》，载《中外法学》2008 年第 3 期。

76. 朱庆育：《〈合同法〉第 52 条第 5 项评注》，载《法学家》2016 年第 3 期。

77. 刘凯湘、夏小雄：《论违反强制性规范的合同效力——历史考察与原因分析》，载《中国法学》2011 年第 1 期。

78. 石一峰：《效力性强制性规定的类型化分析》，载《武汉大学学报（哲学社会科学版）》2018 年第 2 期。

79. 陈醇：《跨法域合同纠纷中强制性规范的类型及认定规则》，载《法学研究》2021 年第 3 期。

80. 徐银波：《决议行为效力规则之构造》，载《法学研究》2015 年第 4 期。

81. 吴飞飞：《决议行为归属与团体法"私法评价体系"构建研究》，载《政治与法律》2016 年第 6 期。

82. 于柏华：《权利的证立论：超越意志论和利益论》，载《法制与社会发展》2021 年第 5 期。

83. 魏振瀛：《侵权责任方式与归责事由、归责原则的关系》，载《中国法学》2011 年第 2 期。

84. 周江洪：《诉讼时效期间及其起算与延长——〈民法总则〉第 188 条评释》，载《法治研究》2017 年第 3 期。

85. 霍海红：《诉讼时效中断证明责任的中国表达》，载《中外法学》2021 年第 2 期。

86. 李国强：《论农地流转中"三权分置"的法律关系》，载《法律科学（西北政法大学学报）》2015 年第 6 期。

87. ［奥］瓦尔特·维尔伯格：《私法领域内动态体系的发展》，李昊译，载《苏州大学学报（法学版）》2015 年第 4 期。

88. 田峰：《〈民法典〉施行背景下合同解释对象之廓清》，载《法商研究》2022 年第 2 期。

六、外文文献

1. Peter Stein，*Roman Law in European History*，Cambridge University Press，1999.

2. F. Robinson，T. D. Fergus，W. M. Gordon. *European Legal History：Sources and Institutions*，second edition，Butterworths，London，1994.

3. Peter Stein，*Legal Humanism and Legal Science*，The Hambledon Press，1998.

4. K. Zweigert & H. Koetz，*An Introduction to Comparative law*，Vol. 2，tr. By Tony Weir，2nd. Clarendon Press，Oxford 1987.

5. Robin Bradley Kar，Margaret Jane Radin，Pseodo－contract and Shared Meaning Analysis，*Harvard Law Review*，Vol. 132，No. 4（2019）.

6. Goran Dominioni, *Biased Trials: Insights From Behavioral Law and Economics*, Springer Fachmedien Wiesbaden, 2020.

7. Cass R. Sunstein, *Behavioral Science and Public Policy*, Cambridge University Press, 2020.

8. Sugata Bag, *Economic Analysis of Contract Law: Incomplete Contracts and Asymmetric Information*, Palgrave Macmillan, 2018.

9. Robin Kar, Contract as Empowerment, *The University of Chicago Law Review*, Vol. 83, No. 2.

10. Steven J. Burton, *Elements of Contract Interpretation*, Charles Warren Everett ed., Oxford University Press, 2009.

11. Catherine Mitchell, *Interpretation of Contracts*, Routledge—Cavendish, 2007.

12. Basil S Markesinis, Hannes Unberath and Angus Johnston, *The German Law of Contract*, Oxford and Portland, Oregon, 2006.

13. Patrick S. Ottinger, Principles of Contractual Interpretation, 60 *La. L. Rev.* 765 (2000).

14. 原田慶吉、石井良助『日本民法典の史的素描』（創文社，1954 年）。

15. 赤松秀岳『十九世紀のドイツ私法学の実像』（成文堂，1995 年）。

16. 大槻文彦『箕作麟祥君伝』（丸善，1907 年）。

后　记

这是第二本叫作"严肃点"的书。这本书试着用很严肃的态度，以不是很严肃的方式来聊关于民法总则的话题。初心未改。

民法以抽象的规则面对大千世界芸芸众生的林林总总。法典时代，解释论自然大行其道。令人困惑的是，关于民法知识的学习仍须面对体系导向抑或问题导向的选择。教义学最大的挑战可能并不来自法社会学，而是源于教义体系自身。基于论题的思考又如何在法典时代有效展开，更是颇费心思。这种思考特别上头，不但让人头疼，还会让人头秃。所以，这本书尝试以一种稍微轻松点儿的方式聊一聊民法总则当中的几个问题。可以确定的是，无论站在哪种进路上观察和思考民法问题，民法知识的学习和民法规范的适用都不离开对民法基本概念的理解。

过去的几年，我的生活发生了很多变化。这期间有幸结识很多良师益友，仰仗各位师友的关怀，我才有心力完成这些文字。面对未来的种种，更离不开诸位师友的照拂。衷心感谢在生活和本书写作过程中，向我提供了无私帮助的人们。当然，这本书中错漏和讹误文责在我。

感谢大连海事大学法学院的李国强老师、浙江大学光华法学院的霍海红老师、吉林大学法学院的侯学宾老师和中国人民大学法学院的侯猛老师，没有他们的帮助和鼓励，就不会有这本书。

严肃点，我们在讲民法

感谢浙江师范大学法学院的陈醇老师，没有他的提点，就不会有这本书。

感谢麦读的曾健老师，没有他的信赖、支持和宽容，就不会有这本书。

感谢我的妻子和儿子（主要是我的妻子），没有她和他，就不会有这本书，更不会有生活的美好和美好的生活。

2023 年 5 月 3 日

浙江金华

图书在版编目(CIP)数据

严肃点,我们在讲民法 / 田峰著. —北京：中国民主法制出版社，2023.10
ISBN 978－7－5162－2659－9

Ⅰ. ①严… Ⅱ. ①田… Ⅲ. ①民法－中国－学习参考资料 Ⅳ. ①D923.04

中国国家版本馆 CIP 数据核字(2023)第 194910 号

图书出品人：刘海涛
图书策划：麦　读
责任编辑：陈　曦　庞贺鑫　曾　健

书名/严肃点，我们在讲民法
作者/田　峰　著

出版·发行/中国民主法制出版社
地址/北京市丰台区右安门外玉林里 7 号　(100069)
电话/（010）63055259（总编室）　　63058068　63057714（营销中心）
传真/（010）63055259
http：//www.npcpub.com
E-mail：mzfz@npcpub.com
经销/新华书店
开本/32 开　880 毫米×1230 毫米
印张/8.125　字数/175 千字
版本/2023 年 11 月第 1 版　2023 年 11 月第 1 次印刷
印刷/北京天宇万达印刷有限公司

书号/ISBN 978－7－5162－2659－9
定价/49.00 元
出版声明/版权所有，侵权必究

（如有缺页或倒装，本社负责退换）